もくじ

JN014520

be動詞・一般動詞の文

整理しよう

解答 ➡ 別冊p.2

1 be動詞の現在形・過去形

日本文に合うように，_____に適当な語を，☐☐内から選んで書きなさい。

(1) ケンの兄は医者です。

Ken's brother _____ a doctor.

(2) 私たちは今，15歳(さい)です。

We _____ fifteen years old now.

(3) 昨日は雨でした。

It _____ rainy yesterday.

(4) これらの本はとてもおもしろかったです。

These books _____ very interesting.

| are   were   is   was |

2 be動詞の否定文・疑問文

日本文に合うように，_____に適当な語を書きなさい。

(1) 私はおなかがすいていません。

I'm _____ hungry.

(2) ジョンはアメリカの出身ではありません。

John _____ from America.

(3) それらの質問は難しくありませんでした。

Those questions _____ difficult.

(4) あのかばんはあなたのものですか。

_____ that bag yours?

(5) あなたは昨夜，家にいましたか。── はい，いました。

_____ you at home last night? ── Yes, I _____.

1

be動詞の文
I **am** from Osaka.
（私は大阪の出身です。）

重要 be動詞は主語に合わせて使い分ける。

主語	現在形	過去形
I	am	was
3人称単数	is	was
you・複数	are	were

※3人称単数：I, you以外のすべての単数

2

be動詞の否定文
This is my bike.
　　↘ 直後にnotを置く
This **is not[isn't]** my bike.
（これは私の自転車ではありません。）

注意 否定の短縮形

現在形
is not→**isn't**
are not→**aren't**
※am notはふつう短縮形にしない。
過去形
was not→**wasn't**
were not→**weren't**

be動詞の疑問文
They are happy.
　　↙ 主語の前に出す
Are they happy?
（彼らは幸せですか。）

3 一般動詞の現在形・過去形

日本文に合うように，（ ）内の語を適当な形に変えて _____ に書きなさい。

(1) コウジは毎日，学校に歩いて行きます。

Koji _____ to school every day. （walk）

(2) 鈴木さんは青い車を持っています。

Mr. Suzuki _____ a blue car. （have）

(3) 子どもたちは昨日，その映画を見ました。

The children _____ the movie yesterday. （see）

(4) マヤはこの前の日曜日，花をいくつか買いました。

Maya _____ some flowers last Sunday. （buy）

4 一般動詞の否定文・疑問文

日本文に合うように，_____ に適当な語を書きなさい。

(1) 私の祖父は冬が好きではありません。

My grandfather _____ _____ winter.

(2) あなたは毎朝，朝食を食べますか。

_____ you _____ breakfast every morning?

(3) 私は昨日，宿題をしませんでした。

I _____ _____ do my homework yesterday.

(4) イヌたちはそのとき川で泳ぎましたか。

── いいえ，泳ぎませんでした。

_____ the dogs _____ in the river then?

── No, _____ _____.

5 There is[are] 〜.の文

次の英文を（ ）内の指示に従って書きかえるとき，_____ に適当な語を書きなさい。

(1) We see a cat on the chair. （「〜がいます」という文に）

_____ _____ a cat on the chair.

(2) There are some parks near the station. （疑問文に）

_____ _____ any parks near the station?

3

一般動詞の文

I **play** soccer.
（私はサッカーをします。）

重要 現在の文では，主語が3人称単数のとき，動詞に(e)s をつける。
Tom plays soccer.

注意 (e)sのつけ方

live→lives
watch→watches
study→studies
※ have→has

重要 一般動詞の過去形
規則動詞は(e)d をつける。

play→played
live→lived
study→studied
不規則変化
go→**went**　have→**had**

4

一般動詞の否定文・疑問文

I **do not**[**don't**] play soccer.
動詞の前に do not[does not]
Does Tom play soccer?
主語の前に **Do**[**Does**]

注意 過去形はdidを使う。
I **did not** [**didn't**] play soccer.

5

There is[are] 〜.

There is a pen in the box.
（箱の中にペンが1本あります。）

There are six pens in the box.
（箱の中にペンが6本あります。）

否定文
There is not a pen in the box.

疑問文
Is there a pen in the box?
Are there any pens in the box?

be動詞・一般動詞の文

定着させよう

解答➡別冊p.2

1 日本文に合うように，＿＿＿＿に適当な語を書きなさい。 [3点×4]

(1) こちらは，私の兄です。 〈宮崎〉

This ＿＿＿＿＿＿ my brother.

(2) 私たちはこの前の日曜日，京都を訪れました。

We ＿＿＿＿＿＿ Kyoto last Sunday.

(3) 彼は，とても熱心に英語を勉強しますか。 〈宮崎〉

＿＿＿＿＿＿ he study English very hard?

(4) 彼女の机の上には辞書が1冊ありました。

There ＿＿＿＿＿＿ a dictionary on her desk.

2 次の対話が成り立つように，＿＿＿＿に適当なものをア～エから選びなさい。 [3点×2]

(1) A : ＿＿＿＿＿＿ you see the movie yesterday? 〈北海道・改〉

B : No, I didn't.

　ア　Do 　　　　イ　Are

　ウ　Did 　　　　エ　Were

(2) A : Does your sister work in Kyoto? 〈福島・改〉

B : Yes. She is a teacher. She ＿＿＿＿＿＿ math at high school now.

　ア　teach 　　　　イ　is

　ウ　teaches 　　　エ　taught

3 次の英文の＿＿＿＿に合う語を＿＿内から選び，適当な形に変えて書きなさい。ただし，同じ語を二度使わないこと。 [4点×4]

(1) I ＿＿＿＿＿＿ a lot of pictures in Australia last summer.

(2) My father ＿＿＿＿＿＿ this letter two weeks ago.

(3) Mike is in bed now. He ＿＿＿＿＿＿ a headache.

(4) We had a party for our son yesterday. So there ＿＿＿＿＿＿ many children in this room. 〈沖縄〉

be	have	take	write

4 次の英文を（　　）内の指示に従って書きかえなさい。　　　　　　　　　[6点×4]

(1) I cook lunch every day.（下線部を yesterday にかえて）

_____

(2) They don't use this computer.（下線部を She にかえて）

_____

(3) My friends and I ran to the station.（否定文に）

_____

(4) It was sunny in Sapporo last Friday.（疑問文にして，No で始めて3語で答える）

_____

—— No, _____

5 日本文に合うように，（　　）内の語を適当に並べかえなさい。ただし，文頭に来る語も小文字で示している。　　　　　　　　　　　　　　　　　　　　　　　　[6点×4]

(1) 私の好きな教科は英語です。　　　　　　　　　　　　　　　　　　〈北海道〉

My（ subject / is / favorite ）English.

My _____ English.

(2) ソウタは昨日，早く起きませんでした。

（ didn't / Sota / early / up / get ）yesterday.

_____ yesterday.

(3) 私の弟は，ふだん夕食後に音楽を聞きます。　　　　　　　　　　〈北海道〉

My brother usually（ to / music / listens ）after dinner.

My brother usually _____ after dinner.

(4) 教室には生徒が1人もいませんでした。

（ students / not / in / were / any / there ）the classroom.

_____ the classroom.

6 次の日本文を（　　）内の語数の英文に直しなさい。ただし，「. , ? !」は語数にふくめない。

　　　　　　　　　　　　　　　　　　　　　　　　　　　　　　　[6点×3]

(1) 彼女は沖縄の出身ですか。（4語）

_____

(2) あなたは先週，そのお祭りを楽しみましたか。（7語）

_____

(3) 私のおじの家の近くによいレストランがあります。（9語）　　　　〈愛媛・改〉

_____

2日目　命令文・進行形・未来の表現

整理しよう

解答 ➡ 別冊 p.3

1　命令文・let's を用いた文

日本文に合うように，_____ に適当な語を書きなさい。

(1) その辞書を使いなさい。

_____ the dictionary.

(2) この川では泳いではいけません。

_____ swim in this river.

(3) 注意しなさい，ケン。

_____ careful, Ken.

(4) どうぞたくさん食べてください。

_____ _____ a lot.

(5) 公園に行きましょう。

_____ go to the park.

2　現在進行形・過去進行形

日本文に合うように，_____ に適当な語を書きなさい。

(1) 私は今，本を読んでいます。

I _____ _____ a book now.

(2) 私の母は今，手を洗っています。

My mother _____ _____ her hands now.

(3) 子どもたちが歌を歌っています。

The children _____ _____ a song.

(4) 私はそのとき，おふろに入っていました。

I _____ _____ a bath at that time.

(5) たくさんの人たちが公園で走っていました。

A lot of people _____ _____ in the park.

1

命令文

Come here.
（ここに来なさい。）
Don't come here.
（ここに来てはいけません。）
Come here, **please**.
（ここに来てください。）

重要 be 動詞を用いた命令文

You are quiet.
↙ Be で始める
Be quiet.
（静かにしなさい。）

重要 〈Let's ＋動詞の原形.〉

Let's play a game.
（ゲームをしましょう。）

2

現在進行形

I study English.
↙〈am[are, is] ＋ -ing 形〉
I **am studying** English.
（私は英語を勉強しています。）

過去進行形

I am studying English.
↙〈was[were] ＋ -ing 形〉
I **was studying** English.
（私は英語を勉強していました。）

進行形の文で用いる語句
現在　　now「今」
過去　　then, at that time
　　　　「そのとき」

3 進行形の否定文・疑問文

次の対話が成り立つように，_____ に適当な語を書きなさい。

(1) _____ Tom swimming now? —— Yes, he _____ .

(2) _____ they studying now? —— No, they _____ .

(3) _____ the students playing tennis at that time?

—— No, they _____ _____ tennis then.

(4) What _____ you _____ around 3 p.m. yesterday?

—— I _____ walking in the park.

4 be going to を用いた文

日本文に合うように，_____ に適当な語を書きなさい。

(1) 私は明日，サッカーを練習するつもりです。

_____ _____ to _____ soccer tomorrow.

(2) 私たちは，すぐに学校を出発するつもりです。

We are _____ _____ _____ school soon.

(3) テッドは，その本を読むつもりはありません。

Ted is _____ _____ to _____ the book.

(4) 田中さんは来週，ここに来る予定ですか。—— はい，そうです。

_____ Ms. Tanaka _____ _____ come

here next week?

—— Yes, _____ _____ .

5 will を用いた文

日本文に合うように，_____ に適当な語を書きなさい。

(1) 明日は雨が降るでしょう。

It _____ _____ tomorrow.

(2) 明日，兄は忙しいでしょう。

My brother _____ _____ busy tomorrow.

(3) 私は今日，買い物に行くつもりはありません。

I _____ _____ go shopping today.

(4) バスはすぐに来るでしょうか。—— いいえ，来ないでしょう。

_____ the bus _____ soon?

—— No, _____ _____ .

3

進行形の否定文

Ken was studying math.

直後に not を置く

Ken **was not studying** math.

（ケンは数学を勉強していませんでした。）

進行形の疑問文

Ken was studying math.

主語の前に出す

Was Ken **studying** math?

（ケンは数学を勉強していましたか。）

注意 - ing形の作り方

ふつうの作り方
play→play**ing**

e をとる
come→**coming**

子音を重ねる
swim→swim**ming**

4

be going to ～の文

I **am going to** swim.
（私は泳ぐつもりです。）
to のあとは動詞の原形
否定文
I'**m not going to** swim.
be動詞の直後に **not**
疑問文
Are you **going to** swim?
be動詞を主語の前に

5

will ～の文

He **will** visit Japan next week.
（彼は来週，日本を訪れます。）
will のあとは動詞の原形
否定文
He **will not[won't]** visit Japan next week.
will の直後に **not**
疑問文
Will he visit Japan next week?
will を主語の前に

1日目　2日目　3日目　4日目　5日目　6日目　7日目　8日目　9日目　10日目

命令文・進行形・未来の表現

定着させよう

解答 ➡ 別冊 p.4

1 日本文に合うように，＿＿＿＿に適当な語を書きなさい。 ［3点×4］

(1) あの家を見なさい。

＿＿＿＿＿＿ at that house.

(2) 私たちは今，テレビを見ています。

We ＿＿＿＿＿＿ watching TV now.

(3) 私は英語のテストのために勉強しています。 〈沖縄・改〉

I am ＿＿＿＿＿＿ for my English test.

(4) どうぞもう一度言ってください。 〈北海道・改〉

Say that again, ＿＿＿＿＿＿.

2 次の英文の＿＿＿＿に適当なものを**ア～エ**から選びなさい。 ［3点×4］

(1) ＿＿＿＿＿＿ buy some cake at that shop.

ア I'm イ Let's ウ Will エ Did

(2) We ＿＿＿＿＿＿ go fishing next Sunday.

ア are イ were ウ won't エ weren't

(3) ＿＿＿＿＿＿ the dog walking along the river?

ア Was イ Did ウ Are エ Do

(4) ＿＿＿＿＿＿ your homework by nine o'clock.

ア Be イ Does ウ Will エ Do

3 次の対話が成り立つように，（ ）内の語を適当な形に変えて＿＿＿＿に書きなさい。

［4点×4］

(1) A : ＿＿＿＿＿＿ eat snacks before dinner. （do） 〈宮崎・改〉
　　　　　　　　　　軽食
　　B : I know, but I am very hungry.

(2) A : I'm ＿＿＿＿＿＿ for the City Hall. （look） 〈沖縄・改〉
　　　　　　　　　　　　　市役所
　　B : Turn right at the next corner.

(3) A : Are they ＿＿＿＿＿＿ to see the movie next Saturday? （go）

　　B : Yes, they are.

(4) A : Is Yuta busy now?

　　B : No, he is ＿＿＿＿＿＿ to music. （listen）

4 次の英文を（　　）内の指示に従って書きかえなさい。　　　　　　　　　　　　[5点×4]

(1) I am going to help the children. （will を用いてほぼ同じ意味の文に）

＿＿＿＿＿＿＿＿＿＿＿＿＿＿＿＿＿＿＿＿＿＿＿＿＿＿＿＿＿＿＿＿＿＿＿＿

(2) My grandmother isn't going to come with me. （下線部を parents にかえて）

＿＿＿＿＿＿＿＿＿＿＿＿＿＿＿＿＿＿＿＿＿＿＿＿＿＿＿＿＿＿＿＿＿＿＿＿

(3) Let's take a picture here. （「～してはいけません」という意味の命令文に）

＿＿＿＿＿＿＿＿＿＿＿＿＿＿＿＿＿＿＿＿＿＿＿＿＿＿＿＿＿＿＿＿＿＿＿＿

(4) You are kind to everyone. （「～にしなさい」という意味の命令文に）

＿＿＿＿＿＿＿＿＿＿＿＿＿＿＿＿＿＿＿＿＿＿＿＿＿＿＿＿＿＿＿＿＿＿＿＿

5 日本文に合うように，（　　）内の語(句)を適当に並べかえなさい。ただし，文頭に来る語も小文字で示している。　　　　　　　　　　　　　　　　　　　　　　[5点×5]

(1) 私の姉は今，本を読んでいます。　My (is / a book / sister / reading) now.

My ＿＿＿＿＿＿＿＿＿＿＿＿＿＿＿＿＿＿＿＿＿＿＿＿＿ now.

(2) 友達と私はそのコンサートに行くつもりです。

My friends (and / to / I / the concert / go / will).

My friends ＿＿＿＿＿＿＿＿＿＿＿＿＿＿＿＿＿＿＿＿＿＿＿＿.

(3) 暗くなる前に家に帰ってきなさい。　　　　　　　　　　　　　〈秋田・改〉

(gets / home / come / it / before) dark.

＿＿＿＿＿＿＿＿＿＿＿＿＿＿＿＿＿＿＿＿＿＿＿＿＿ dark.

(4) このゲームでは日本語を使ってはいけません。　　　　　　　〈岩手・改〉

(Japanese / use / during / don't) this game.

＿＿＿＿＿＿＿＿＿＿＿＿＿＿＿＿＿＿＿＿＿＿＿ this game.

(5) 私はこの絵をコンテストに送るつもりです。

I (to / picture / send / going / this / am) to the contest.　〈兵庫・改〉

I ＿＿＿＿＿＿＿＿＿＿＿＿＿＿＿＿＿＿＿＿＿＿＿ to the contest.

6 次の日本文を（　　）内の語数の英文に直しなさい。ただし，「. , ? !」は語数にふくめない。

[5点×3]

(1) そのとき私は宿題をしていました。（6語）　　　　　　　　　〈北海道・改〉

＿＿＿＿＿＿＿＿＿＿＿＿＿＿＿＿＿＿＿＿＿＿＿＿＿＿＿＿＿＿＿＿＿＿＿＿

(2) 公園でサッカーをしましょう。（6語）

＿＿＿＿＿＿＿＿＿＿＿＿＿＿＿＿＿＿＿＿＿＿＿＿＿＿＿＿＿＿＿＿＿＿＿＿

(3) あなたはバスに乗るつもりですか。（7語）

＿＿＿＿＿＿＿＿＿＿＿＿＿＿＿＿＿＿＿＿＿＿＿＿＿＿＿＿＿＿＿＿＿＿＿＿

1日目
2日目
3日目
4日目
5日目
6日目
7日目
8日目
9日目
10日目

3日目　助動詞

整理しよう

解答➡別冊p.5

1　助動詞を用いた文

日本文に合うように，＿＿＿＿に適当な語を，□内から選んで書きなさい。ただし，同じ語を二度使わないこと。

(1) 駅には歩いて行くことができます。

You ＿＿＿＿＿ walk to the station.

(2) 彼は今日，その仕事を終えなければなりません。

He ＿＿＿＿＿ finish the work today.

(3) もう一度試（ため）してみるべきです。　We ＿＿＿＿＿ try again.

(4) エミが彼の名前を知っているかもしれません。

Emi ＿＿＿＿＿ know his name.

> may　　can　　should　　must

2　助動詞の否定文

日本文に合うように，＿＿＿＿に適当なものをア～ウから選びなさい。

(1) 私は待つことができません。　I ＿＿＿＿＿ wait.

　ア　cannot　　イ　could not　　ウ　should not

(2) この本はおもしろくないかもしれません。

This book ＿＿＿＿＿ be interesting.

　ア　cannot　　イ　may not　　ウ　must not

(3) 夜はそこに行くべきではありません。

You ＿＿＿＿＿ go there at night.

　ア　couldn't　　イ　can't　　ウ　shouldn't

(4) 子どもたちのうち何人かは泳げませんでした。

Some of the children ＿＿＿＿＿ swim.

　ア　can't　　イ　couldn't　　ウ　shouldn't

1

助動詞の文

I **can play** the guitar.
（私はギターを弾くことができます。）
He **can play** the guitar.
主語が何でも助動詞の形は変わらない。動詞は原形。

重要 助動詞の意味

can ～することができる／～してもよい
may ～してもよい／～かもしれない
must ～しなければならない／～に違（ちが）いない
should ～すべきだ／～のはずだ
could ＝canの過去形

2

助動詞の否定文

I can sing well.
　　助動詞の直後にnot
I **cannot[can't]** sing well.
（私は上手に歌えません。）

否定の短縮形

cannot→**can't**
could not→**couldn't**
must not→**mustn't**
should not→**shouldn't**

注意 must not＝禁止
You **must not** run here.
（ここで走ってはいけません。）

3 助動詞の疑問文

次の英文に合うように，[　　]に適当な日本語を書きなさい。

(1) Shall I bring you some water? —— Yes, please.

お水を [　　　　　　　　　　　　　　]。

—— はい，お願いします。

(2) Will you sit here? —— Thank you.

ここに [　　　　　　　　　　　　　　]。 —— ありがとう。

(3) Could you open the window? —— Sure.

窓を [　　　　　　　　　　　　]。 —— いいですよ。

(4) May I watch TV now? —— No, you may not.

今，テレビを [　　　　　　　　　　]。

—— いいえ，いけません。

(5) Shall we dance? —— Yes, let's.

[　　　　　　　　　　　]。 —— ええ，そうしましょう。

(6) Can you help me with my homework?

—— I'm sorry, but I can't.

宿題を [　　　　　　　　　　]。

—— すみませんが，できません。

4 be able to・have to を用いた文

日本文に合うように，＿＿＿＿に適当な語を書きなさい。

(1) ついに彼らはそのイヌを見つけることができました。

Finally, they ＿＿＿＿＿＿ ＿＿＿＿＿＿ to find the dog.

(2) あなたたちはこの授業では英語を話さなければなりません。

You ＿＿＿＿＿＿ ＿＿＿＿＿＿ ＿＿＿＿＿＿ English in this class.

(3) タカシは試合に勝つことができるでしょう。

Takashi ＿＿＿＿＿ ＿＿＿＿＿ ＿＿＿＿＿ to win the game.

(4) 私は上手に料理することができません。

I'm ＿＿＿＿＿ ＿＿＿＿＿ ＿＿＿＿＿ cook well.

(5) 彼女は今，テーブルを片づけなければなりませんか。

—— いいえ，片づけなくてもかまいません。

＿＿＿＿＿ she ＿＿＿＿＿ to clean the table now?

—— No, ＿＿＿＿＿ ＿＿＿＿＿.

助動詞の疑問文

You can swim.

助動詞を主語の前に

Can you swim?

重要 助動詞を使った表現

Can[May] I ~?
　~してもいいですか。
Can[Will] you ~?
　~してくれませんか。
Could[Would] you ~?
　~していただけますか。
Shall I ~?
　~しましょうか。
Shall we ~? (＝Let's ~.)
　~しませんか。

4

重要 can・must の書きかえ

can ＝ be able to
must ＝ have[has] to
I must go home.
＝ I have to go home.
（私は家に帰らなければなりません。）

注意 must の過去の表現

must の過去形はないので
had to を使う。
He had to get up early.
（彼は早く起きなければなりませんでした。）

注意 can の未来の表現

will be able to ~で表す。
You will be able to join
the team. will can
（あなたはチームに入ることができるでしょう。）

don't have to ~の意味

「~しなくてもかまわない」
You don't have to read
this book.
（あなたはこの本を読まなくてもかまいません。）
※禁止ではない。

 **助動詞**

定着させよう

解答➡別冊p.5

1 日本文に合うように，_____ に適当な語を書きなさい。 [4点×4]

(1) 私はその質問に答えることができませんでした。

I _____ _____ _____ answer that question.

(2) ここでくつを脱ぐ必要はありません。

You _____ _____ _____ take off your shoes here.

(3) 生徒たちは全員，今度の日曜日は学校に行かなければなりません。

All the students _____ _____ to school next Sunday.

(4) 明日の朝7時に私が車で迎えに行きましょうか。

_____ _____ pick you up at seven tomorrow morning?

2 次の各組の英文がほぼ同じ内容を表すように，_____ に適当な語を書きなさい。 [4点×4]

(1) Don't eat or drink in this room.

You _____ _____ eat or drink in this room.

(2) We are able to enjoy the beautiful view from the mountain.

We _____ _____ the beautiful view from the mountain.

(3) Let's have lunch now.

_____ _____ have lunch now?

(4) They weren't able to play with animals in that amusement park.

They _____ _____ with animals in that amusement park.
遊園地

3 次の英文を(　)内の指示に従って書きかえなさい。 [5点×4]

(1) She can read this book. (soon を加えて，未来の文に)

_____

(2) We must walk to the village. (last Sunday を加えて，過去の文に)

_____

(3) Small children can play this game. (疑問文にし，「いいえ」と3語で答える)

_____

(4) You have to take care of the dog every day. (must を用いてほぼ同じ意味の文に)

_____

4 日本文に合うように，（　）内の語(句)を適当に並べかえなさい。ただし，文頭に来る語も小文字で示している。　[6点×3]

(1) 私は今日，宿題をしなければなりません。

（ to / I / my homework / have / do ） today.

_____ today.

(2) 私たちの市の生徒はオーストラリアに行くことができます。　〈青森・改〉

The（ students / in / can / our city / go ） to Australia.

The _____ to Australia.

(3) このかばんを部屋に運んでもらえますか。　〈北海道・改〉

（ this bag / you / carry / can ） to the room?

_____ to the room?

5 次の対話が成り立つように，_____ に適当なものをア～エから選びなさい。　[6点×2]

(1) Maria : Yuki, do you have a pen now?　〈富山〉

Yuki　: Yes, I do.

Maria : _____

Yuki　: Of course. Here you are.
　　　　　　　　　　はい, どうぞ。

　ア　Will you use your pen?　　イ　Can I use your pen?

　ウ　Do you use my pen?　　　エ　May I use my pen?

(2) A : Let's go shopping.　〈福岡〉

B : Could you wait for ten minutes?

A : _____ I'll wait.

　ア　I'm not free.　　　　　イ　I'm afraid I can't.
　　　　　　　　　　　　　　　　あいにくできません。
　ウ　No, thank you.　　　　エ　No problem.

6 次の日本文を（　）内の語数の英文に直しなさい。ただし，「. , ? !」は語数にふくめない。　[6点×3]

(1) あなたは自分の部屋を掃除しなければなりません。（6語）

_____

(2) 私が写真を撮りましょうか。（5語）

_____

(3) 彼らといっしょにコンサートに行ってもいいですか。（8語）　〈愛媛・改〉

_____

13

4日目 疑問詞・接続詞・that節

整理しよう

解答 ➡ 別冊 p.7

1 疑問詞を用いた文

日本文に合うように，_____ に適当な語を書きなさい。

(1) 彼らはここで何をしているのですか。

_____ are they doing here?

(2) だれがこの写真を撮ったのですか。

_____ took this picture?

(3) あなたはいつこの映画を見ましたか。

_____ did you see this movie?

(4) 私のかさはどこですか。_____ is my umbrella?

(5) あなたはふだん何時に起きますか。

_____ _____ do you usually get up?

(6) あなたはどうやってここに来ましたか。

_____ did you come here?

2 接続詞を用いた文

(1) 日本文に合うように，_____ に適当な語を，□□内から選んで書きなさい。ただし，同じ語を二度使わないこと。

① そこには電車かバスで行くことができます。

You can go there by train _____ by bus.

② 私はあの本を読みましたが，おもしろくありませんでした。

I read that book, _____ it was not interesting.

③ アミは動物が好きなので，よく動物園に行きます。

Ami likes animals, _____ she often goes to the zoo.

④ 私たちは浜辺に行って，泳ぎました。

We went to the beach _____ swam.

| and | so | or | but |

1

疑問詞の意味

what	何, 何の, どんな
which	どちら, どれ, どの
who	だれ
whose	だれの, だれのもの
when	いつ
where	どこに [で]
why	なぜ
how	どう, どうやって

重要 連語の疑問詞

what time	何時
how many	いくつの[数]
how much	いくら[値段]
how old	何歳
how long	どれくらい長く [期間・距離]
how often	どれくらいよく[頻度]

疑問詞を用いた文の語順

I want an orange.
　　　　　文頭に置く
What do you want?
　　　疑問文の語順
（何がほしいですか。）

注意 疑問詞が主語のときは疑問詞以下が肯定文の語順になる。

2

等位接続詞
語句や文どうしをつなぐ。
and「そして」**but**「しかし」
or「または」　**so**「だから」
I like English, **but** it's not easy.
（私は英語が好きですが，簡単ではありません。）

(2) 各組の英文を1文に書きかえるとき，_____ に適当な語を書きなさい。（　）内に指示があるものはそれに従いなさい。

① Eri lived in London. She was a student then.
  Eri lived in London _____ she was a student.

② His mother is a doctor. I think so.
  I think _____ his mother is a doctor.

③ You are busy. I will help you.
                  （「もしあなたが～ならば」という意味を加えて）
  I will help you _____ you are busy.

④ We were very happy. So we sang and danced.
  We sang and danced _____ we were very happy.

⑤ It's not too late. I think so.
  I _____ _____ it's too late.

⑥ It may be rainy tomorrow. Then we won't go to the sea.
  If it _____ rainy tomorrow, we won't go to the sea.

⑦ You will be free. Then please visit us.
  Please visit us when you _____ free.

3　主語＋動詞＋目的語＋thatで始まる節

日本文に合うように，（　）内の語を適当に並べかえなさい。

(1) その本は私たちに愛が大切であると教えてくれます。
  The book (us / that / teaches) love is important.
  The book _____ love is important.

(2) 父は私に早く寝(ね)なければならないと言いました。
  My father (I / me / that / told) had to go to bed early.
  My father _____ had to go to bed early.

4　主語＋be動詞＋形容詞＋thatで始まる節

次の英文に合うように，[　]に適当な日本語を書きなさい。

(1) I was glad that I met him again.
  私は [　　　　　　　　　　　　　　　　　] うれしかったです。

(2) I'm sure that you will be a good teacher.
  私は [　　　　　　　　　　　　　　　　　] と思います。

従属接続詞
〈主語＋動詞〉が続く。

that「～ということ」
I think (that) she is kind.
（彼女は親切だと思います。）
※省略することも多い。

when「～するとき」
My mother was cooking
when I came home.
＝When I came home,
my mother was cooking.
（私が帰ってきたとき，母
は料理をしていました。）

if「もし～ならば」
We won't go out if it snows.
（雪が降るならば，出かけ
ません。）

重要 whenやifのあとは
未来のことでも現在形で
表す。

because「～なので」
I cried because I was sad.
（私は悲しかったので泣き
ました。）

3

〈動詞＋人＋that節〉
He told me (that) he was
from Japan. （彼は私に日
本の出身だと言いました。）

使い方が同じ動詞
teach「～に…を教える」
show「～に…を見せる」
promise
「～に…を約束する」など

4

〈be動詞＋形容詞＋
that節〉
be sure (that) ～
「きっと～だと思う」
be glad[happy] (that) ～
「～でうれしい」
be afraid (that) ～
「残念ながら～と思う」

15

4日目 **疑問詞・接続詞・that 節**

定着させよう

解答 ➡ 別冊p.7

1 次の英文の _____ に適当なものを**ア〜エ**から選びなさい。 [3点×6]

(1) What _____ is today? —— It's Tuesday.

　　ア date 　　イ day 　　ウ month 　　エ week

(2) How _____ CDs do you have?

　　ア many 　イ much 　ウ long 　　エ old

(3) _____ is the weather? —— It's sunny. 〈北海道・改〉

　　ア Which 　イ What 　ウ How 　　エ Where

(4) Who _____ this picture of the beautiful mountains? 〈神奈川・改〉

　　ア taking 　イ took 　ウ do you take 　エ do it take

(5) How _____ is your summer vacation? —— About two weeks.

　　ア many 　イ much 　ウ long 　　エ old

(6) _____ is your father at home today? —— Because he has a cold.
かぜをひいている

　　ア When 　イ Where 　ウ How 　　エ Why

2 次の対話が成り立つように，_____ に適当な語を書きなさい。 [4点×5]

(1) A : _____ does your uncle live?

　　B : He lives in Sapporo.

(2) A : _____ _____ is it now? 〈北海道・改〉

　　B : It's nine o'clock.

(3) A : _____ carried this map to the classroom? 〈岩手〉

　　B : Ryota did.

　　A : Thank you, Ryota.

(4) A : I'm going to make salad. Can you help me? 〈徳島〉

　　B : Of course. _____ can I help?

　　A : Well ... will you cut these tomatoes?
トマト

(5) A : _____ bag is this, Kumi? 〈福岡・改〉

　　B : Oh, it's mine. I was looking for it. _____ did you find it?

　　A : It was under the desk.

3 次の英文を( )内の指示に従って書きかえなさい。　　　　　　　　　[5点×4]

(1) Let's go fishing. (ifを用いて「もし晴れたら」という意味を加えて)

_____

(2) My mother gave me a nice camera, so I was happy.

(thatを用いてほぼ同じ意味の文に)

_____

(3) You went to bed early last night.

(①「なぜ」とたずねる疑問文にし，②「疲れていたからです」と答える)

① _____

② _____

4 次の対話が成り立つように，( )内の語を適当に並べかえなさい。ただし，文頭に来る語も小文字で示している。　　　　　　　　　[6点×4]

(1) A : (it'll / that / I'm / rainy / afraid / be) tomorrow.

B : Really? Then, let's watch a movie at home.

_____ tomorrow.　　〈宮崎〉

(2) A : (to / how / I / can / get) the station?

B : Go straight and turn right at the second corner.

_____ the station?

(3) A : (to / you / go / when / did) the concert?　　〈富山〉

B : Last Sunday.

_____ the concert?

(4) A : (who / into / room / came / this) when I was out?　　〈神奈川・改〉

外出していた

B : Mr. Brown did.

_____ when I was out?

5 次の日本文を( )内の語数の英文に直しなさい。ただし，「. , ? !」は語数にふくめない。

[6点×3]

(1) あのケーキはいくらですか。(5語)

_____

(2) 彼はおなかがすいていると私に言いました。(7語)

_____

(3) カズ(Kazu)は野球とバスケットボールのどちらをしましたか。(7語)

_____

5日目 文の構造

整理しよう

解答 ➡ 別冊p.9

1 主語＋動詞＋補語の文

日本文に合うように，_____ に適当なものを**ア〜ウ**から選びなさい。

(1) マキは来年，先生になります。

Maki will _____ a teacher next year.

　　ア　get　　　　イ　become　　ウ　look

(2) 暗くなってきています。　It is _____ dark.

　　ア　coming　　イ　looking　　ウ　getting

(3) その男性は驚いているように見えました。

The man _____ surprised.

　　ア　looked　　イ　saw　　　ウ　got

(4) それは本当に難しそうに聞こえますね。

That _____ really difficult.

　　ア　becomes　　イ　sounds　　ウ　listens

2 主語＋動詞＋目的語＋目的語の文①

日本文に合うように，_____ に適当な語を書きなさい。

(1) 先生は私たちにその写真を見せました。

The teacher _____ _____ the picture.

(2) あなたにチョコレートを買ってあげましょう。

I will _____ _____ some chocolates.

(3) だれがあなたに英語を教えますか。

Who _____ _____ English?

(4) それを彼女にあげなさい。　Give _____ to _____ .

(5) 母は私にかばんを作ってくれるつもりです。

My mother is going to _____ a bag _____ me.

1

〈**主語＋動詞＋名詞・形容詞**〉

be 〜「〜である」
I **am** Tom Brown.
（私はトム・ブラウンです。）
become 〜「〜になる」
Shin **became** a doctor.
（シンは医者になりました。）

〈**主語＋動詞＋形容詞**〉

look 〜「〜に見える」
Emi is happy.
　　　　〈look＋形容詞〉
Emi **looks** happy.
（エミはうれしそうに見えます。）

注意 「〜を見る」との違い
前置詞at が必要。
Emi looked **at** the car.
（エミはその車を見ました。）

使い方が同じ動詞

get 〜「〜になる」
We **got** tired.
（私たちは疲れました。）
sound 〜「〜に聞こえる」
That **sounds** interesting.
（それはおもしろそうですね。）
smell 〜「〜のにおいがする」
The flowers **smell** nice.
（その花はよいにおいがします。）
taste 〜「〜の味がする」
The juice **tasted** sweet.
（そのジュースは甘い味がしました。）

3 主語＋動詞＋目的語＋目的語の文②

次の各組の英文がほぼ同じ内容を表すように，_____ に適当な語を書きなさい。

(1) Eri often teaches math to her brother.

　　Eri often teaches _____ _____ _____.

(2) I bought a doll for Emi.

　　I bought _____ _____ _____.

(3) Don't tell the news to him.

　　Don't tell _____ _____ _____.

(4) Will you show me your passport?

　　Will you show your passport _____ _____?

(5) Did Mr. Suzuki make them the table?

　　Did Mr. Suzuki _____ the table _____ _____?

(6) Mike didn't give me the camera.

　　Mike didn't _____ the camera _____ _____.

4 主語＋動詞＋目的語＋補語の文

日本文に合うように，_____ に適当な語を書きなさい。

(1) 私たちは私たちのイヌをサニーと呼びます。

　　We _____ _____ _____ Sunny.

(2) 人々はこの湖を琵琶湖と呼びます。

　　People _____ _____ _____ Biwako.

(3) その映画は彼らを悲しくさせました。

　　The movie _____ _____ _____.

(4) この物語はあなたたちを眠くさせるでしょう。

　　This story will _____ _____ _____.

(5) その仕事はあなたを疲れさせましたか。

　　Did the work _____ _____ _____?

(6) あの木を英語で何と呼びますか。

　　_____ _____ you _____ that tree in English?

(7) その歌はそのグループを有名にはしませんでした。

　　The song _____ the group _____.

2・3

〈主語＋動詞＋人＋もの〉

My uncle gave me a bike.
　　　　　　「（人）に」「（もの）を」
（おじは私に自転車をくれました。）
「（人）に」は，動物など人以外のこともある。
I gave the cat milk.

使い方が同じ動詞

show 「〜に…を見せる」
teach 「〜に…を教える」
tell 「〜に…を伝える」
buy 「〜に…を買う」
make 「〜に…を作る」

〈主語＋動詞＋もの＋to/
for＋人〉への書きかえ

My uncle gave me a bike.

My uncle gave a bike to me.
　　　　　　「（もの）を」「（人）に」

重要 to か for かは動詞で決まる。
to をとる動詞
give, show, teach, tell
for をとる動詞
buy, make
Nana made lunch for me.
（ナナは私に昼食を作ってくれました。）

注意 「もの」が代名詞のとき
Give it to me.
（それを私にください。）
Give ~~me it~~.

4

〈call＋人・もの＋名前〉
「〜を…と呼ぶ」
I call my mother Mama.
　　　「（人・もの）を」「（名前）と」
（私は母をママと呼びます。）

〈make＋人・もの＋形容詞〉
「〜を…にする」
Her song made us happy.
　　　　　「（人・もの）を」「…に」
（彼女の歌は私たちを幸せにしました。）

5日目　文の構造

定着させよう

解答 ➡ 別冊p.9

1 日本文に合うように，_____ に適当な語を書きなさい。　　[3点×4]

(1) コーヒーはとてもいい香りがします。

Coffee _____ really nice.

(2) 私にあなたのノートを見せてもらえますか。

Can you _____ _____ your notebook?
ノート

(3) 子どもたちはその物語を読んで，悲しくなりました。

The story _____ the children _____.

(4) シンゴがあなたに古いギターをあげるかもしれません。

Shingo may _____ _____ his old guitar.

2 次の英文の _____ に適当なものを**ア**〜**エ**から選びなさい。　　[3点×4]

(1) Shall I make dinner _____ you this evening?

　　ア to　　　**イ** at　　　**ウ** for　　　**エ** on

(2) What do you _____ this food in English?　　〈栃木〉

　　ア talk　　**イ** say　　**ウ** speak　　**エ** call

(3) Takashi _____ happy when he plays baseball.　　〈沖縄〉

　　ア sees　　**イ** looks　　**ウ** watches　　**エ** makes

(4) The idea didn't _____ interesting to me.

　　ア sound　　**イ** listen　　**ウ** hear　　**エ** call

3 次の英文を（　　）内の指示に従って書きかえなさい。　　[4点×4]

(1) This cake tastes good.（否定文に）

_____

(2) My sister often teaches me English.（to を用いてほぼ同じ意味の文に）

_____

(3) We should tell her the news.（下線部を it にかえて）

_____

(4) Aki bought some flowers for her grandmother.（for を用いずにほぼ同じ意味の文に）

_____

4 日本文に合うように，（　　　）内の語を適当に並べかえなさい。ただし，文頭に来る語も小文字で示している。 [6点×3]

(1) 先生が私たちにボランティア活動に関する情報をくれました。 〈京都・改〉

Our teacher (about / gave / information / us) volunteer work.

Our teacher _____ volunteer work.

(2) それはとても簡単に聞こえましたが，実はそうではありませんでした。

(easy / sounded / very / it), but actually it wasn't.

_____, but actually it wasn't.

(3) このネコをミルクと呼びましょう。

(call / this / let's / cat) Milk.

_____ Milk.

5 次の対話が成り立つように，（　　　）内の語を適当に並べかえなさい。 [7点×3]

(1) A : You have a nice bag.

B : Thank you.　My father (to / it / gave / me).

My father _____.

(2) Taro : My mother bought these shoes for me. 〈静岡・改〉

Bob　: Wow!　Will you (me / them / to / show)?

Will you _____?

(3) A : Our favorite baseball team won the game. 〈秋田〉

B : Yes, they did.　That (made / happy / us / very / news).

That _____.

6 次の日本文を（　　　）内の語数の英文に直しなさい。ただし，「. , ? !」は語数にふくめない。

[7点×3]

(1) あなたのお父さんの車は新しそうに見えます。（5語）

_____

(2) それを彼らに見せてはいけません。（5語）

_____

(3) 私をティナ(Tina)と呼んでください。（4語）

_____

1日目
2日目
3日目
4日目
5日目
6日目
7日目
8日目
9日目
10日目

6日目　不定詞・動名詞

整理しよう

解答 ➡ 別冊 p.11

1　不定詞の3つの用法

日本文に合うように，_____ に適当な語を書きなさい。

(1) 英語を学ぶことは簡単ではありません。

_____ _____ English is not easy.

(2) 母は朝食を作るために早く起きます。

My mother gets up early _____ _____ breakfast.

(3) その子どもたちは何か食べるものが必要でした。

The children needed something _____ _____.

(4) 世界には訪れるべき場所がたくさんあります。

There are many places _____ _____ in the world.

2　動名詞，不定詞・動名詞を目的語とする動詞

日本文に合うように，_____ に適当なものをア〜ウから選びなさい。

(1) 本を読むことはとても大切です。

_____ books is very important.

ア Read　　イ Reading　　ウ To reading

(2) 雨が止みました。 It stopped _____.

ア to rain　　イ raining　　ウ rained

(3) ミカは踊ることが大好きです。 Mika loves to _____.

ア dances　　イ dancing　　ウ dance

(4) トシは昨夜，宿題をしたくありませんでした。

Toshi didn't want _____ his homework last night.

ア to do　　イ doing　　ウ did

1

〈to ＋動詞の原形〉の意味

to のあとは必ず原形

名詞的用法

「〜すること」

I like **to play** soccer.

（私はサッカーをすることが好きです。）

副詞的用法

「〜するために」（目的）

We practiced hard **to win** the game.

（私たちは試合に勝つために懸命に練習しました。）

形容詞的用法

「〜するための／〜すべき」

Let's buy something **to drink**.

（何か飲み物を買いましょう。）

2

動名詞「〜すること」

I like **playing** soccer.

（私はサッカーをすることが好きです。）

Playing soccer is fun.

（サッカーをすることは楽しいです。）

目的語に不定詞も動名詞もとる動詞

like, start など

目的語に不定詞をとる動詞

want, hope, decide など

目的語に動名詞をとる動詞

enjoy, finish, stop（〜をやめる）など

3 It is ～ for ― to … .の文

日本文に合うように，＿＿＿＿に適当な語を書きなさい。

(1) その男の子たちにとってテニスをすることはわくわくします。

It is exciting ＿＿＿＿＿＿ the boys ＿＿＿＿＿＿ ＿＿＿＿＿＿ tennis.

(2) 私たちにとって英語を話すのは簡単ではありません。

It's not ＿＿＿＿＿＿ for ＿＿＿＿＿＿ to ＿＿＿＿＿＿ English.

(3) あなたにとって本を読むことは興味深いですか。

Is it ＿＿＿＿＿＿ ＿＿＿＿＿＿ you ＿＿＿＿＿＿ read books?

(4) 6歳のころ，私にとって泳ぐのは難しかったです。

It was ＿＿＿＿＿＿ ＿＿＿＿＿＿ me to ＿＿＿＿＿＿ when I was six.

4 原形不定詞

日本文に合うように，＿＿＿＿に適当な語を書きなさい。

(1) 夕食の準備を手伝ってくれませんか。

Can you ＿＿＿＿＿＿ me ＿＿＿＿＿＿ for dinner?

(2) 両親は私が留学するのを許してくれませんでした。

My parents didn't ＿＿＿＿＿＿ me ＿＿＿＿＿＿ abroad.

(3) ブラウンさんは息子に庭の掃除をさせました。

Mr. Brown ＿＿＿＿＿＿ his son ＿＿＿＿＿＿ the yard.

5 主語＋動詞＋目的語＋to＋動詞の原形の文

日本文に合うように，（　）内の語を適当に並べかえなさい。

(1) 私はあなたにこの歌を歌ってほしいです。

I (to / you / want / sing) this song.

I ＿＿＿＿＿＿＿＿＿＿＿＿＿＿＿ this song.

(2) 彼に車を洗ってくれるように頼みましょう。

Let's (wash / him / to / ask) the car.

Let's ＿＿＿＿＿＿＿＿＿＿＿＿＿ the car.

(3) 母は私に寝るように言いました。

My mother (me / to / go / told / to) bed.

My mother ＿＿＿＿＿＿＿＿＿＿＿＿＿ bed.

3

〈It is ＋形容詞＋for ＋人＋to ＋動詞の原形 .〉

「(人)にとって…することは ～ だ」という意味。It は形式上の主語。〈for ＋人〉は入れない場合もある。

To play soccer is fun for us.

It is fun for us to play soccer.
（サッカーをすることは私たちにとって楽しいです。）

重要 〈for ＋人〉は to以下の動作をする人を表す。

It is easy for her to swim.
（彼女にとって泳ぐことは簡単です。）

「泳ぐ」のは「彼女」

4

原形不定詞

toのつかない不定詞（動詞の原形）

〈let ＋人＋原形不定詞〉
「(人)に～させる，させておく」

〈help ＋人＋原形不定詞〉
「(人)が～するのを手伝う」

〈make ＋人＋原形不定詞〉
「(人)に～させる」

5

〈動詞＋目的語〔人〕＋to ＋動詞の原形〉

〈want ＋人＋to ＋動詞の原形〉「(人)に～してほしい」

〈ask ＋人＋to ＋動詞の原形〉「(人)に～するように頼む」

〈tell ＋人＋to ＋動詞の原形〉「(人)に～するように言う」

6日目 **不定詞・動名詞**

定着させよう

解答➡別冊 p.11

1 日本文に合うように, _____ に適当な語を書きなさい。　　　　　　　[3点×4]

(1) あなたは将来何になりたいですか。

What do you _____ _____ be in the future?

(2) 田中先生は私にドアを開けるように頼みました。

Mr. Tanaka _____ me _____ open the door.

(3) この博物館には見るべきものがたくさんあります。

This museum has a lot of _____ _____ see.

(4) あなたはなぜ, 病院へ行きましたか。 ── 祖父に会うためです。

Why did you go to the hospital? ── _____ _____ my grandfather.

2 次の英文や対話の _____ に適当なものを**ア~エ**から選びなさい。　　[4点×4]

(1) I am glad _____ that my friend is doing well in her new school. 〈神奈川・改〉

　　ア to hear　　**イ** heard　　　**ウ** hear about　　**エ** can hear

(2) A : Do you like music?　　　　　　　　　　　　　　　　　　　　〈岩手〉

B : Yes, I like to play the piano. How about you?

A : I can't play the piano, but I'm interested in _____ to music.

　　ア hearing　　**イ** hear　　　**ウ** listening　　**エ** listen

(3) I'll let you _____ when I decide about that.

　　ア knowing　　**イ** know　　　**ウ** to know　　**エ** knew

(4) A : Do you want _____ help you?

B : Yes, please.

　　ア to　　　　**イ** to me　　　**ウ** me to　　　**エ** me

3 次の英文を( )内の指示に従って書きかえなさい。　　　　　　　[5点×3]

(1) The girls started singing. (to を用いてほぼ同じ意味の文に)

_____

(2) To ride a bike is not difficult for me. (It で始めてほぼ同じ意味の文に)

_____

(3) We want to drink something. (下線部を「何か飲むもの」という意味にかえて)

_____

4 日本文に合うように，（　　）内の語を適当に並べかえなさい。　　　　　[5点×3]

(1) 平和について考えることは大切です。　　　　　　　　　　　　　　　　　〈北海道〉

It's (think / important / about / to) peace.

It's _____ peace.

(2) なぜあなたはその国の歴史を学びたくなったのですか。

What (want / you / to / made / learn) the history of the country?

What _____ the history of the country?

(3) 私は，エリカは泳ぐことが好きではないと思います。

I (Erika / don't / likes / to / think / swim).

I _____.

5 次の対話が成り立つように，（　　）内の語(句)を適当に並べかえなさい。　[6点×4]

(1) A : Can you (to / think of / good / something) bring to the party?　〈千葉〉

B : How about bringing pizza?

Can you _____ bring to the party?

(2) A : Mom, I'm hungry. Can you (something / me / eat / to / give)?　〈富山〉

B : OK. Here you are.

Can you _____?

(3) A : What are you going to do during the summer vacation?　　　　　〈福島〉

B : I'm going to stay in Okinawa with my family for three days.

I'm (forward / swimming / to / in the sea / looking).

I'm _____.

(4) A : What did you do this weekend?　　　　　　　　　　　　　　　　　〈千葉〉

B : I (TV / enjoyed / on / movies / watching).

I _____.

6 次の日本文を（　　）内の語数の英文に直しなさい。ただし，「. , ? !」は語数にふくめない。

[6点×3]

(1) 私は彼らがその重い机を動かすのを手伝いました。（7語）

_____

(2) あなたはその祭りで踊って楽しみましたか。（7語）

_____

(3) ショウタ(Shota)はその大学で科学を学ぼうと決めました。（8語）

_____

25

7 日目　比較の表現・受け身の表現

整理しよう

解答 ➡ 別冊p.13

1　比較級を用いた文

日本文に合うように，＿＿＿＿に適当な語を書きなさい。

(1) 私のイヌはあなたのイヌよりも小さいです。

My dog is ＿＿＿＿＿＿＿ ＿＿＿＿＿＿＿ yours.

(2) リカはミホよりも速く泳ぐことができます。

Rika can swim ＿＿＿＿＿＿＿ ＿＿＿＿＿＿＿ Miho.

(3) 私はオレンジよりもリンゴのほうが好きです。

I like apples ＿＿＿＿＿＿＿ ＿＿＿＿＿＿＿ oranges.

(4) この映画はあの映画よりも人気があります。

This movie is ＿＿＿＿＿＿＿ ＿＿＿＿＿＿＿ than that one.

(5) 水は食べ物よりも大切です。

Water is ＿＿＿＿＿＿＿ ＿＿＿＿＿＿＿ than food.

2　最上級を用いた文

日本文に合うように，（　　）内の語を適当な形に変えて＿＿＿＿に書きなさい。ただし，1語とはかぎりません。

(1) あれはこの町で最も大きな家です。

That is the ＿＿＿＿＿＿＿ house in this town. （large）

(2) 日本で最も高い山は何ですか。

What is the ＿＿＿＿＿＿＿ mountain in Japan? （high）

(3) この絵は美術館の中で最も有名です。

This picture is the ＿＿＿＿＿＿＿ in the museum. （famous）

(4) 5人の中でボブが最も上手にサッカーをします。

Bob plays soccer the ＿＿＿＿＿＿＿ of the five. （well）

(5) 彼女は日本で最も人気のある歌手の1人です。

She is one of the ＿＿＿＿＿＿＿ singers in Japan. （popular）

1

比較級の変化

tall→taller
large→larger
big→bigger
early→earlier
famous→**more** famous
good / well→**better**
bad→**worse**
many / much→**more**

比較級の文

I'm **older than** Mike.
（私はマイクよりも年上です。）
This book is **more difficult than** that one.
（この本はあの本よりも難しいです。）

2

最上級の変化

tall→**tallest**
large→**largest**
big→**biggest**
early→**earliest**
famous→**most** famous
good / well→**best**
bad→**worst**
many / much→**most**

最上級の文

I'm **the oldest in** the club.
（私はクラブの中で最も年上です。）
This book is **the most difficult of** the three.
（この本は3冊の中で最も難しいです。）

3 いろいろな比較の表現

次の各組の英文がほぼ同じ内容を表すように，_____ に適当な
語を書きなさい。

(1) Ann is fourteen. Tim is fourteen, too.

Ann is _____ _____ _____ Tim.

(2) August is hotter than June.

June is _____ _____ hot _____ August.

(3) Dai can run very fast. Riku cannot run fast.

Dai can run _____ _____ than Riku.

(4) This week is warmer than last week. Last week was

warmer than two weeks ago.

It's getting warmer _____ _____ .

4 受け身の文

日本文に合うように，_____ に適当な語を書きなさい。

(1) 私たちの教室は毎日掃除されます。

Our classroom _____ _____ every day.

(2) その湖の近くでは，たくさんの美しい鳥が見られます。

A lot of beautiful birds _____ _____ near the

lake.

(3) この本は有名な作家によって書かれました。

This book _____ _____ _____ a famous

writer.

5 受け身の否定文・疑問文

日本文に合うように，_____ に適当な語を書きなさい。

(1) その店では花は売られていません。

Flowers _____ _____ _____ at that shop.

(2) あなたの学校は30年くらい前に建てられたのですか。

_____ your school _____ about thirty years

ago?

(3) ブラジルでは何語が話されていますか。

What language _____ _____ in Brazil?

3

〈as＋原級＋as〉

I am **as tall as** Toru.
（私はトオルと同じぐらい
の背の高さです。）
I am **not as**[so] **tall as** Yuji.
（私はユウジほど背が高く
ありません。）

比較級を使った表現

〈much＋比較級〉
　ずっと～
〈more than ～〉
　～より多く
〈比較級＋and＋比較級〉
　どんどん～，ますます～

同じ内容を表す比較表現

Lions are **bigger than** cats.
=Cats are **smaller than** lions.
=Cats aren**'t as big as** lions.
=Lions aren**'t as small as**
　cats.

4

受け身の文

Eri uses that bike.

That bike **is used** by Eri.
（あの自転車はエリによっ
て使われます。）

過去分詞の変化

play - played - play**ed**
use - used - use**d**
have - had - **had**
come - came - **come**
eat - ate - **eaten**
read - read[red] - **read**[red]

5

受け身の否定文

This bike **is not used** by
Eri.
be 動詞の直後に **not**

受け身の疑問文

Is that bike **used** by Eri?
be 動詞を主語の前に

1
日目

2
日目

3
日目

4
日目

5
日目

6
日目

7
日目

8
日目

9
日目

10
日目

7日目 比較の表現・受け身の表現

定着させよう

解答 ➡ 別冊 p.13

1 日本文に合うように，＿＿＿＿＿に適当な語を書きなさい。 [4点×3]

(1) 多くの人々がEメールは手紙よりも役に立つと思っています。

Many people think that e-mails are ＿＿＿＿＿ ＿＿＿＿＿ ＿＿＿＿＿ letters.

(2) 日本は，外国からの訪問者たちにとって最も人気のある国の1つである。 〈京都〉

Japan is one of ＿＿＿＿＿ ＿＿＿＿＿ ＿＿＿＿＿ countries for visitors from foreign countries.

(3) 富士山は日本のすべての山で最も高いので，多くの場所から見ることができます。

〈愛知・改〉

Mt. Fuji is the ＿＿＿＿＿＿ of all the mountains in Japan, so it can be ＿＿＿＿＿＿ from many places.

2 次の英文や対話の ＿＿＿＿＿ に適当なものをア〜エから選びなさい。 [4点×3]

(1) This is the ＿＿＿＿＿＿ computer of the three.

　　ア good 　　　　イ better 　ウ best 　　　　エ well

(2) A : This bridge looks very old. 〈岩手・改〉

　　B : Yes. It ＿＿＿＿＿＿ about 100 years ago.

　　A : Wow, it's really old!

　　ア build 　　　イ built 　　ウ was building 　エ was built

(3) This machine ＿＿＿＿＿＿ by many people in the future. 〈神奈川〉

　　ア will be used 　イ use 　　ウ uses 　　　　エ is using

3 次の対話が成り立つように，＿＿＿＿＿に適当な語を書きなさい。 [4点×4]

(1) A : Which month is ＿＿＿＿＿ in Japan, December ＿＿＿＿＿ February?

　　B : Uh ... I think December is as cold as February.

(2) A : I think English is ＿＿＿＿＿ ＿＿＿＿＿ than math.

　　B : Well, I don't think so. English is easier than math to me.

(3) A : Did your mother make this delicious curry?

　　B : No. It ＿＿＿＿＿ ＿＿＿＿＿ by my father.

(4) A : Where ＿＿＿＿＿ these pictures ＿＿＿＿＿ ? They are so beautiful.

　　B : They were taken in Okinawa.

4 次の英文を（　　）内の指示に従って書きかえなさい。　　　　　　　　　［6点×3］

(1) My sister can't cook as well as <u>my mother</u>.（下線部を主語にし，ほぼ同じ意味の文に）

_____

(2) Nao can skate better than Yui. Rie can skate better than Nao.

（下線部を主語にし，「3人の中で最も」という意味の1文に）

_____

(3) Some famous singers sang <u>this song</u>.（下線部を主語にし，ほぼ同じ意味の文に）

_____

5 次の対話が成り立つように，（　　）内の語(句)を適当に並べかえなさい。　　［6点×5］

(1) A : What sport (you / like / do / the / best)?

B : I like tennis the best.

What sport _____?

(2) A : I want to study Japanese. Is that a Japanese book?　　　　〈沖縄・改〉

B : Yes. This book (written / in / is / Japanese).

This book _____.

(3) A : I need another large box like that one.　　　　　　　　　〈神奈川・改〉

B : Well, I think (is / this / large / box / as / as) that one.

Well, I think _____ that one.

(4) A : You are always studying English.　　　　　　　　　　　　〈島根〉

B : English (people / spoken / is / by / many) around the world. It is important.

Also, I like it very much.

English _____ around the world.

(5) Taku : Look at my T-shirt. It's new.　　　　　　　　　　　　〈高知〉

Jane : Wow, it has a nice color.

Taku : Yes. It (to me / by / given / was) my sister a week ago.

It _____ my sister a week ago.

6 次の日本文を（　　）内の語数の英文に直しなさい。ただし，「. , ? !」は語数にふくめない。

［6点×2］

(1) バスケットボールはたくさんの人々に愛されています。（6語）　　　　　　　〈青森〉

_____

(2) 私たちの家は彼女の家よりも小さいです。（6語）

_____

8日目 現在完了形

整理しよう

解答➡別冊p.15

1 現在完了形の完了用法

日本文に合うように，_____に適当な語を書きなさい。

(1) 私は夕食を食べてしまいました。

I _____ had dinner.

(2) 私たちはちょうど授業を終えたところです。

We _____ _____ finished our class.

(3) シンジはもうその本を買いました。

Shinji _____ _____ bought the book.

(4) 電車がちょうど駅に着いたところです。

The train _____ just _____ at the station.

(5) 子どもたちはもう手を洗いました。

The children _____ already _____ their hands.

2 現在完了形の経験用法

日本文に合うように，_____に適当な語を書きなさい。

(1) ユカは2回その映画を見たことがあります。

Yuka _____ _____ the movie twice.

(2) 私たちはイヌを飼ったことがあります。

We _____ _____ a dog.

(3) グリーン先生は中国で英語を教えたことがあります。

Mr. Green _____ _____ English in China.

(4) ビルとケイトは以前，京都を訪れたことがあります。

Bill and Kate _____ _____ Kyoto before.

(5) 私は一度家族といっしょにロンドンに行ったことがあります。

I have _____ _____ London with my family _____.

1

現在完了形の完了用法

〈have[has] ＋過去分詞〉
「～したところだ，～してしまった」
I **have** *just* **cleaned** my room.
（私はちょうど部屋を掃除したところです。）
Taku **has** *already* **finished** his homework.
（タクはすでに宿題を終えてしまいました。）

already（もう，すでに），just（ちょうど）はふつうhave[has] と過去分詞の間に置く。

2

現在完了形の経験用法

〈have[has] ＋過去分詞〉
「～したことがある」
We **have played** this game *before*.
（私たちは以前にこのゲームをしたことがあります。）

注意「～に行ったことがある」は〈have[has] ＋ **been to** ＋場所〉で表す。goneは使わない。
Miho **has been to** Okinawa.
（ミホは沖縄に行ったことがあります。）

3 現在完了形の継続用法・現在完了進行形

日本文に合うように，_____ に適当なものを**ア～ウ**から選びなさい。

(1) 私は生まれたときからずっとこの町に住んでいます。

I _____ in this town since I was born.

ア have lived　　**イ** am living　　**ウ** live

(2) チホは長い間，私の家族を知っています。

Chiho _____ my family for a long time.

ア is knowing　**イ** has known　　**ウ** have known

(3) 私たちは去年からこの部屋を使っています。

We have _____ this room _____ last year.

ア using / for　**イ** used / since　**ウ** used / for

(4) 父は3時間ずっと音楽を聞いています。

My father _____ listening to music for three hours.

ア has　　　　**イ** is　　　　**ウ** has been

4 現在完了形の否定文・疑問文

日本文に合うように，_____ に適当な語を書きなさい。

(1) 私は宿題を終えていません。

I _____ _____ _____ my homework.

(2) 私たちはまだ写真を撮っていません。

We _____ _____ any pictures _____.

(3) 私はこれまでに英語の本を読んだことが一度もありません。

I _____ _____ _____ an English book.

(4) 彼らはもう仕事を終えましたか。―― はい，終えました。

_____ they _____ the work _____?

―― Yes, they _____.

(5) あなたはこれまで神戸に行ったことはありますか。

―― いいえ。私は一度もそこに行ったことがありません。

_____ you ever _____ _____ Kobe?

―― No, I _____. I have _____ _____ there.

(6) リサはどれくらい日本に住んでいますか。―― 2年間です。

How long _____ Lisa _____ in Japan?

―― _____ two years.

3

現在完了形の継続用法

〈have[has] ＋過去分詞〉

「(ずっと)～している」

I **have used** this bag *for* three years.

(私はこのかばんを3年間使っています。)

Eri **has used** that bike *since* last year.

(エリはあの自転車を去年から使っています。)

注意 for と since の違い

〈for ＋期間を表す語〉

「～の間」

〈since ＋過去のある時点〉

「～以来[から]」

現在完了進行形

〈have[has] been ＋ -ing 形〉

動作が過去から現在まで継続していることを表す。

4

現在完了形の否定文

〈have[has] ＋ not ＋過去分詞〉

現在完了形の否定文で使われる語

yet「まだ(完了用法)」

never「一度も～ない」(経験用法)

現在完了形の疑問文

〈Have[Has] ＋主語＋過去分詞 ～?〉

答え方

Yes, 主語 ＋ have[has]. /

No, 主語 ＋ haven't[hasn't].

現在完了形の疑問文で使われる語

yet「もう(完了用法)」

ever「今までに」(経験用法)

1日目
2日目
3日目
4日目
5日目
6日目
7日目
8日目
9日目
10日目

8日目 現在完了形

解答➡別冊p.15

1 日本文に合うように，_____ に適当な語を書きなさい。 ［3点×4］

(1) 私はその子どもたちを長い間ずっと知っています。

I _____ _____ the children _____ a long time.

(2) その生徒たちは中国語を習ったことは一度もありません。

The students _____ _____ _____ Chinese.

(3) そのイヌはもう食べ物を食べ終えてしまいました。

The dog _____ _____ _____ eating the food.

(4) 兄はちょうど今，仙台から帰ってきたところです。

My brother _____ _____ _____ home from Sendai.

2 次の英文や対話の _____ に適当なものをア〜エから選びなさい。 ［4点×4］

(1) It _____ hot since yesterday.

　　ア is　　　イ was　　　ウ have been　　エ has been

(2) A : Richard, have you finished your homework _____? 〈沖縄〉

　　B : Yes, I have. Can I watch TV now?

　　ア never　　イ ever　　ウ just　　　　エ yet

(3) Have you ever _____ her before? 〈神奈川〉

　　ア see　　　イ saw　　　ウ seen　　　エ seeing

(4) My father has been in Tokyo _____ the end of September. 〈秋田〉

　　ア at　　　イ since　　ウ in　　　　エ for

3 次の対話が成り立つように，（　）内の語を適当な形に変えて _____ に書きなさい。

［4点×3］

(1) A : Has John ever _____ to Nara? （be）

　　B : I think so. He was talking about Horyuji.

(2) A : Have you _____ soccer for a long time? （play）

　　B : No, I haven't. Actually, I started it only three months ago.

(3) A : Karen can speak Japanese very well.

　　B : Yes. She has been _____ in Japan for twenty years. （work）

4 次の英文を（　　）内の指示に従って書きかえなさい。　　　　　　　　　　［6点×4］

(1) We have <u>already</u> taken a bath.（下線部を「まだ」という意味にかえ，否定文に）

＿＿＿＿＿＿＿＿＿＿＿＿＿＿＿＿＿＿＿＿＿＿＿＿＿＿＿＿＿＿＿＿＿

(2) Our cat has been sick <u>for three days</u>.

（下線部を「この前の金曜日から」という意味にかえて）

＿＿＿＿＿＿＿＿＿＿＿＿＿＿＿＿＿＿＿＿＿＿＿＿＿＿＿＿＿＿＿＿＿

(3) Rika has made a cake.（「一度も～したことがない」という意味の否定文に）

＿＿＿＿＿＿＿＿＿＿＿＿＿＿＿＿＿＿＿＿＿＿＿＿＿＿＿＿＿＿＿＿＿

(4) You have heard about the country.（疑問文にし，「いいえ」と3語で答える）

＿＿＿＿＿＿＿＿＿＿＿＿＿＿＿＿＿＿＿＿＿＿＿＿＿＿＿＿＿＿＿＿＿

＿＿＿＿＿＿＿＿＿＿＿＿＿＿＿＿＿＿＿＿＿＿＿＿＿＿＿＿＿＿＿＿＿

5 次の対話が成り立つように，（　　）内の語を適当に並べかえなさい。ただし，文頭に来る語も小文字で示している。　　　　　　　　　　　　　　　　　　　　［6点×3］

(1) Masato : You play the guitar so well, Sara.　　　　　　　　　　〈高知〉

Sara 　 : Thank you, Masato. I just love playing it.

Masato : Well, (have / played / long / you / how) the guitar?

Sara 　 : For about 10 years.

Well, ＿＿＿＿＿＿＿＿＿＿＿＿＿＿＿＿＿＿＿＿ the guitar?

(2) A : (never / have / to / I / been) Kyoto. How about you?　　〈宮崎〉

B : I went there last year. It was a nice place to visit.

＿＿＿＿＿＿＿＿＿＿＿＿＿＿＿＿＿＿＿＿＿＿＿ Kyoto.

(3) A : It wasn't easy to come to school this morning. (has / stopped / it / yet / snowing)?

B : No, it hasn't. We have to be very careful when we go home.

＿＿＿＿＿＿＿＿＿＿＿＿＿＿＿＿＿＿＿＿＿＿＿ ?

6 次の日本文を（　　）内の語数の英文に直しなさい。ただし，「. , ? !」は語数にふくめない。

［6点×3］

(1) 今までに，私はそこに3回行ったことがあります。（6語）　　　　〈群馬〉

＿＿＿＿＿＿＿＿＿＿＿＿＿＿＿＿＿＿＿＿＿＿＿＿＿＿＿＿＿＿＿＿＿

(2) あなたは日本の映画を見たことがありますか。（7語）　　　　　　〈島根・改〉

＿＿＿＿＿＿＿＿＿＿＿＿＿＿＿＿＿＿＿＿＿＿＿＿＿＿＿＿＿＿＿＿＿

(3) マーク（Mark）は12歳のときから医師になりたいと思っています。（11語）

＿＿＿＿＿＿＿＿＿＿＿＿＿＿＿＿＿＿＿＿＿＿＿＿＿＿＿＿＿＿＿＿＿

1日目
2日目
3日目
4日目
5日目
6日目
7日目
8日目
9日目
10日目

9日目　後置修飾・関係代名詞・間接疑問

整理しよう
解答 ➡ 別冊 p.17

1 現在分詞・過去分詞の後置修飾

日本文に合うように，_____ に適当なものを**ア〜ウ**から選びなさい。

(1) サッカーをしている男の子たちは私の友達です。

The boys _____ soccer are my friends.
　　ア play　　イ playing　　ウ played

(2) これは私のお気に入りの歌手が歌った歌です。

This is the song _____ by my favorite singer.
　　ア sings　　イ singing　　ウ sung

(3) 空を飛んでいる白い鳥が見えますか。

Can you see the white bird _____ in the sky?
　　ア flies　　イ flying　　ウ flown

(4) 生徒たちの使うコンピューターはあの部屋にあります。

The computers _____ by students are in that room.
　　ア use　　イ using　　ウ used

2 主格の関係代名詞

日本文に合うように，_____ に適当な語を書きなさい。

(1) 駅の近くにある公園に行きましょう。

Let's go to the park _____ is near the station.

(2) 私の家の近くに住んでいるその女性は先生です。

The woman _____ lives near my house is a teacher.

(3) ミナはテニスのとても上手な女の子です。

Mina is a girl _____ _____ tennis very well.

(4) この近くに人形を売る店があります。

There is a shop _____ _____ dolls near here.

1

〈名詞＋現在分詞(-ing)〉
「〜している…」

the man **drinking** tea
（紅茶を飲んでいる男性）

〈名詞＋過去分詞〉
「〜される[された]…」

the cake **made** by my mother
（母によって作られたケーキ）

分詞を後置修飾に用いた文
The man **drinking** tea is Mr. Takeda.
（紅茶を飲んでいる男性は武田さんです。）
We ate the cake **made** by my mother.
（私たちは母によって作られたケーキを食べました。）

2

主格の関係代名詞
a train **which[that]** goes to Osaka
（大阪に行く列車）
the girl **who[that]** has a cat
（ネコを飼っている女の子）

主格の関係代名詞を用いた文
We are waiting for a train **which[that]** goes to Osaka.
（私たちは大阪に行く列車を待っています。）
The girl **who[that]** has a cat is Aya.
（ネコを飼っているその女の子はアヤです。）

3 　目的格の関係代名詞

日本文に合うように，_____ に適当な語を書きなさい。

(1) それは私の父が毎日使う自転車です。

That is the bike _____ my father _____ every day.

(2) 私たちが昨日見た試合はわくわくしました。

The game _____ we _____ yesterday was exciting.

(3) 彼らが昨日会った男性は有名な作家です。

The man _____ _____ yesterday is a famous writer.

(4) 私がオーストラリアで撮った写真を見せてあげましょう。

I'll show you the pictures _____ _____ in Australia.

4 　疑問詞＋to を用いた文

日本文に合うように，_____ に適当な語を書きなさい。

(1) このケーキの作り方を教えてくれませんか。

Can you tell me _____ _____ make this cake?

(2) 私たちは何を言えばよいかわかりませんでした。

We didn't know _____ _____ say.

(3) 私はいつ始めればよいか知りたいです。

I want to know _____ _____ start.

(4) その辞書をどこで買えばよいかカナが教えてくれました。

Kana told me _____ _____ buy the dictionary.

5 　間接疑問

日本文に合うように，_____ に適当な語を書きなさい。

(1) この単語は何という意味か知っていますか。

Do you know _____ this word _____?

(2) 先生が何を言ったか教えてください。

Please tell me _____ the teacher _____.

(3) 私たちにはその男の子がなぜ泣いているのかわかりません。

We don't know _____ the boy _____ _____.

(4) 駅がどこにあるのか彼に聞きましょう。

Let's ask him _____ the station _____.

目的格の関係代名詞

the picture **which**[**that**]
I took in Okinawa
（私が沖縄で撮った写真）

目的格の関係代名詞を用いた文

This is the picture **which**
[**that**] I took in Okinawa.
（これは私が沖縄で撮った
写真です。）

重要 目的格の関係代名詞
は省略されることがある。
the picture（**which**[**that**]）
I took in Okinawa

〈疑問詞＋to ＋動詞の原形〉

how to「～の仕方」
what to「何を～すれ
ばよいか」
which to「どちら[ど
れ]を～すればよいか」
when to「いつ～すれ
ばよいか」
where to「どこに
[で]～すればよいか」

Riku knows **how to** cook
curry.
（リクはカレーの作り方を
知っています。）

間接疑問

　　　　　What is this?
肯定文の語順に
Do you know **what this is**?
　〈疑問詞＋主語＋動詞〉
（これが何か知っています
か。）

　　Where does he live?
live に s をつける
I know **where he lives**.
　〈疑問詞＋主語＋動詞〉
（私は彼がどこに住んでい
るか知っています。）

1日目
2日目
3日目
4日目
5日目
6日目
7日目
8日目
9日目
10日目

9日目 後置修飾・関係代名詞・間接疑問

定着させよう

解答➡別冊p.17

1 日本文に合うように，_____ に適当な語を書きなさい。ただし，thatは使わないこと。

[3点×4]

(1) あなたはギターを弾いている少年を知っていますか。

Do you know the boy _____ _____ playing the guitar?

(2) 英語で書かれた本がたくさんあります。 〈富山・改〉

There are many books _____ _____ English.

(3) あなたは彼の家がどこにあるか知っていますか。 〈宮崎・改〉

Do you know _____ his house _____ ?

(4) ユキが作った料理はとてもおいしそうです。

The dish _____ Yuki _____ looks delicious.

2 次の英文の _____ に適当なものを**ア〜エ**から選びなさい。 [4点×4]

(1) This is a chair _____ by my father.

　　ア makes　　イ making　　ウ will make　　エ made

(2) My family has three cats. This is the cat _____ was born last week.

　　ア which　　イ it　　ウ whose　　エ and 〈沖縄〉

(3) The boy _____ by the window is Masaki. 〈栃木〉

　　ア sleep　　イ slept　　ウ sleeping　　エ to sleep

(4) This is a book _____ by many people this year. 〈石川・改〉

　　ア reads　　イ read　　ウ reading　　エ be read

3 次の英文を( )内の指示に従ってほぼ同じ内容を表す1文に書きかえなさい。ただし，「. , ? !」は語数にふくめない。

[6点×3]

(1) The man is my father. He is washing a car.（分詞を用いて8語で）

_____

(2) The house is large and old. It is by the lake.（関係代名詞を用いて11語で）

_____

(3) What is Bob going to buy? I want to know that.（Iで始めて10語で）

_____

4 次の対話が成り立つように，（　　　）内の語(句)を適当に並べかえなさい。　　　［6点×4］

(1) A : What were you doing when I called you?

B : I was reading the (gave / you / comic book / me).

I was reading the ＿＿＿＿＿＿＿＿＿＿＿＿＿＿＿＿＿＿＿＿＿ .

(2) A : Why don't you come to our school festival next week?　　　〈秋田〉

B : All right. Please (see / tell / me / to / what) there.

Please ＿＿＿＿＿＿＿＿＿＿＿＿＿＿＿＿＿＿＿＿＿ there.

(3) A : Do you like this picture?　　　〈神奈川〉

B : Yes. I think it's the (I've / most / ever / picture / beautiful) seen.

I think it's the ＿＿＿＿＿＿＿＿＿＿＿＿＿＿＿＿＿ seen.

(4) A : Do you remember (she / come / when / will) ?　　　〈愛媛〉

B : Yes. Next Friday.

Do you remember ＿＿＿＿＿＿＿＿＿＿＿＿＿＿＿＿＿ ?

5 次の対話が成り立つように，＿＿＿＿に適当なものをア～エから選びなさい。　　　［6点×2］

(1) A : I need your help. I have to carry a lot of books.　　　〈福岡〉

B : Sure, Mr. Brown. ＿＿＿＿＿＿＿＿＿＿＿＿＿＿＿＿＿

A : To your classroom, thank you.

ア Did I tell you what to carry?　　イ How many books do I have to carry?

ウ Please ask me how to carry them.

エ Please tell me where to carry them.

(2) A : I have a question about Canada. ＿＿＿＿＿＿＿＿＿＿＿＿＿

B : Yes, but some people speak other languages, too.　　　〈福島・改〉

ア Do you know how to get there?　　イ Is the language used there English?

ウ Can you tell me what to see?　　エ What was the answer you gave me?

6 次の日本文を（　　　）内の語数の英文に直しなさい。ただし，「. , ? !」は語数にふくめない。

［6点×3］

(1) これは姉が描いた絵です。（8語）

＿＿＿＿＿＿＿＿＿＿＿＿＿＿＿＿＿＿＿＿＿＿＿＿＿＿＿＿＿＿＿＿＿

(2) 最初は，私は何をしたらよいかわかりませんでした。（9語）　　　〈青森〉

＿＿＿＿＿＿＿＿＿＿＿＿＿＿＿＿＿＿＿＿＿＿＿＿＿＿＿＿＿＿＿＿＿

(3) お茶を飲んでいる男性は私の弟です。（7語）　　　〈愛媛〉

＿＿＿＿＿＿＿＿＿＿＿＿＿＿＿＿＿＿＿＿＿＿＿＿＿＿＿＿＿＿＿＿＿

10日目 仮定法・感嘆文・会話表現

整理しよう

解答➡別冊p.19

1 仮定法

日本文に合うように，＿＿＿＿＿に適当な語を書きなさい。

(1) もし私がアメリカに住んでいれば，もっと上手く英語が話せるだろうに。

If I ＿＿＿＿＿ in America, I could speak English better.

(2) あなたが今日ひまなら，美術館に連れて行くのですが。

If you ＿＿＿＿＿ free today, I would take you to the museum.

(3) もし自分の部屋を持っていれば，静かに本が読めるのに。

If I ＿＿＿＿＿ my own room, I ＿＿＿＿＿ read books quietly.

(4) トムみたいに早く走ることができればなあ。

I wish I ＿＿＿＿＿ run fast like Tom.

(5) あの男性の名前を知っていればなあ。

I wish I ＿＿＿＿＿ the name of that man.

(6) もしここでクマに会ったら，あなたはどうしますか。

If you ＿＿＿＿＿ a bear here, what ＿＿＿＿＿ you do?

2 感嘆文

次の文の＿＿＿＿に，How か What のいずれか適切な語を書きなさい。

(1) ＿＿＿＿＿ a beautiful mountain this is!

(2) ＿＿＿＿＿ well that boy sings!

(3) ＿＿＿＿＿ kind she is!

(4) ＿＿＿＿＿ small cats they are!

(5) ＿＿＿＿＿ an old computer!

1

〈If＋主語＋(助)動詞の過去形 ～, 主語＋助動詞の過去形＋動詞の原形 … .〉

「もし～ならば，…だろうに」

If I had more money, I **could** travel abroad.

（もしもっとお金があれば，海外旅行ができるのに。）

〈I wish＋主語＋(助)動詞の過去形 ～.〉

「～ならいいのに」

I wish I were a cat.

（私がネコならいいのに。）

重要 仮定法の文では，ふつうbe動詞は主語に関係なくwereを使う。

2

感嘆文「なんて～だろう」

〈What (a[an])＋形容詞＋名詞＋主語＋動詞!〉

What a smart dog it is!

（なんて賢いイヌなんでしょう。）

〈How＋形容詞[副詞]＋主語＋動詞!〉

How fast John runs!

（ジョンはなんて速く走るのでしょう。）

重要〈主語＋動詞〉は省略されることが多い。

3 あいさつ・電話の表現

日本文に合うように，_____ に適当な語を書きなさい。

(1) こんにちは，ミキ。お元気ですか。

Hi, Miki. _____ _____ you?

(2) （電話で）ハリーをお願いできますか。

_____ I _____ to Harry, please?

(3) 伝言を残したいですか。

Do you want to _____ a _____?

(4) リサに折り返し電話をくれるよう伝えてください。

Please tell Lisa _____ call me _____.

4 依頼・提案の表現

日本文に合うように，（　　）内の語を適当に並べかえなさい。ただし，文頭に来る語も小文字で示している。

(1) ドアを開けてくれますか。（ you / the / will / door / open ）?

_____?

(2) その写真を見せていただけますか。

(me / could / picture / you / show / the), please?

_____, please?

(3) そのパーティーに来ませんか。

(come / you / why / to / don't) the party?

_____ the party?

5 道案内・買い物の表現

日本文に合うように，_____ に適当な語を書きなさい。

(1) スタジアムへの行き方を教えていただけますか。

Could you tell me _____ to _____ to the stadium?

(2) どの電車が成田に行くか教えてください。

Please tell me _____ train _____ to Narita.

(3) いらっしゃいませ。── はい，帽子を探しているのですが。

May I _____ you? ── Yes, I'm _____ for a hat.

(4) 青いのがすてきですね。それをいただきます。

The blue one is nice. _____ _____ it.

3

あいさつの表現

How are you?
（お元気ですか。）
Nice to meet you.
（はじめまして。）
This is Mari, my sister.
（こちらは姉［妹］のマリです。）

電話の表現

This is Yukari (**speaking**).
（こちらはユカリです。）
May I speak to Toshi, please?
（トシをお願いできますか。）
Can I leave a message?
（伝言をお願いできますか。）
Could you tell him to call me back?
（折り返し電話をくれるよう彼に伝えてくださいますか。）

4

依頼の表現

Can[Will] you ～?
　～してくれますか。
Could[Would] you ～?
　～していただけますか。

提案の表現

Why don't you ～?
Would you like to ～?
　～しませんか。

5

道案内の表現

Could you tell me how to get to the airport?
（空港への行き方を教えていただけますか。）
Which bus goes to Osaka?
（大阪へ行くバスはどれですか。）
It takes about 15 minutes.
（約15分かかります。）

買い物の表現

May I help you?
（いらっしゃいませ。）
Do you have a smaller one?
（もっと小さいのはありますか。）
I'll take it.
（それをいただきます。）

10日目 仮定法・感嘆文・会話表現

定着させよう

解答 ➡ 別冊p.20

1 日本文に合うように，_____ に適当な語を書きなさい。 [4点×3]

(1) あのイヌはなんてしっぽが長いのでしょう。

_____ a long tail that dog has!

(2) 私たちといっしょにコンサートに行きませんか。── ぜひそうしたいです。

_____ _____ you go to the concert with us? ── I'd love to.

(3) このくつは私には小さすぎます。もっと大きいのはありますか。

These shoes are too small for me.　Do you _____ bigger _____?

2 次の対話が成り立つように，ア～エを適当に並べかえ，順序を記号で答えなさい。 [7点×2]

(1)　ア　I'm very sorry, but she is out now.　　　　〈沖縄〉

　　イ　Hello, this is Robert speaking.　May I speak to Jane?

　　ウ　O.K. I will.

　　エ　Then, would you ask her to call me later?　_____ → _____ → _____

(2)　ア　Thank you. Did you make it?　　　　〈福島・改〉

　　イ　No, my sister did.

　　ウ　This cake is so good. May I have more?
　　　　もっと食べてもいいですか。

　　エ　Of course. Here you are.　_____ → _____ → _____

3 次の対話が成り立つように，（　　）内の語(句)を適当に並べかえなさい。ただし，不要な語が1語含まれている。また，文頭に来る語も小文字で示している。 [6点×3]

(1)　A : I can't attend the party next week.

　　B : That's too bad.（ you / I / would / were / if / am / I / , ）go there.

　　_____ go there.

(2)　A :（ your / what / cute / is / watch / how ）!

　　B : Thank you. My father gave it to me for my birthday.

　　_____!

(3)　A : It started raining.（ have / an umbrella / I / wish / had / I ）.

　　B : Don't worry. You can share my umbrella.

　　_____.

1日目
2日目
3日目
4日目
5日目
6日目
7日目
8日目
9日目
10日目

4 次の対話が成り立つように，_____に適当なものをア～エから選びなさい。 [7点×5]

(1) A : Can I use your pen?

B : _____

A : Please lend me your pen.

ア Pardon me?　　　　　　　イ Yes, of course.

ウ Sorry, but I can't.　　　　エ Whose pen is this?

(2) A : Excuse me, do you know where the city office is? 〈北海道〉

B : Yes, I do. It's far from here. You should take that bus.

A : _____

B : Well, about twenty minutes.

ア How long will it take?　　イ Why do you want to go there?

ウ When will you go?　　　　エ How many offices are there?

(3) A : _____ 〈徳島〉

B : Yes, please. I'm looking for a present for my brother.

ア Could you help me?　　　イ Shall we have something hot?

ウ May I help you?　　　　　エ Will you ask me a question?

(4) A : What would you like to drink? 〈栃木〉

B : _____

ア Sounds good.　　　　　　イ Yes, please.

ウ I want something cold.　　エ I like to drink.

(5) A : I sent an e-mail to John last night, but he hasn't answered it yet.

B : If you want an answer soon, you should call him.

A : I think so, but I can't. _____

ア Why don't you call him?　　イ May I speak to John?

ウ I wish I knew his phone number.　　エ I'll take a massage.

5 次の日本文を（　　　）内の語数の英文に直しなさい。ただし，「．，？！」は語数にふくめない。

[7点×3]

(1) 駅に行く道を教えてくれませんか。（9語） 〈島根・改〉

_____

(2) これはなんてわくわくする映画なんでしょう。（6語）

_____

(3) あなたとお話がしたいのですが。（6語）

_____

1 次の下線部の語の意味を英文から推測し，適当なものを**ア**〜**エ**から選び，記号で答えなさい。

[3点×2]〈島根〉

(1) The price of <u>petrol</u> is getting higher, so more people buy small cars these days.

　　ア 野菜　　**イ** ガソリン　　**ウ** 携帯電話　　**エ** 気温

(2) Son 　　 : Hurry up, Mom! The movie will start soon.

　　Mother : Don't worry. If we take a taxi, we can <u>make it</u>.

　　ア 作る　　**イ** 始まる　　**ウ** 間に合う　　**エ** 乗る

(1)		(2)	

2 次の対話が成り立つように，(　　)内の語を適当に並べかえなさい。

[5点×4]

(1) A : How about going to see a movie together?　〈石川〉

　　B : Sure. When will we go?

　　A : I'll (the / in / free / afternoon / be) tomorrow. How about you?

(2) A : What's this?　〈石川〉

　　B : This is a picture of my father.

　　A : Oh, he looks so young!

　　B : He will be glad to hear that. But do you (old / is / how / know / he)?

(3) A : What kind of desk do you want to buy?　〈千葉〉

　　B : The one I'm looking (not / large / for / as / is) as this one.

(4) A : I'll play soccer in the park after school. Why don't you come?

　　B : Sorry, I can't. My mother told me to take care of my brother.

　　　(go / wish / could / I / with / I) you.

(1)	I'll	tomorrow.
(2)	But do you	?
(3)	The one I'm looking	as this one.
(4)		you.

3 次の英文は，それぞれある場面での会話文です。対話が成り立つように**ア〜エ**を適当に並べかえ，順序を記号で答えなさい。　　　　　　　　　　　　　　　　　　[6点×2]

(1)　（先生と生徒の会話）　　　　　　　　　　　　　　　　　　　　　　　　　　〈沖縄〉

　　　ア　Why do you want to be a doctor?

　　　イ　What do you want to be in the future?

　　　ウ　I want to be a doctor.

　　　エ　I want to save people.

(2)　（清掃時間の生徒同士の会話）　　　　　　　　　　　　　　　　　　　　　　〈沖縄・改〉

　　　ア　I want you to clean the blackboard. I'm too short to clean the top.

　　　イ　OK. I'll do this.

　　　ウ　Thanks. Then I will move the desks.

　　　エ　It's cleaning time now.

(1)		→	→	→		(2)		→	→	→	

4 英語の授業で家族について紹介することになり，Shiori は兄についてスピーチをすることにしました。

　あなたが Shiori なら，(1)〜(3)の内容をどのように英語で表しますか。それぞれ 4 語以上の英文に直し，下の原稿を完成させなさい。

　ただし，I'm などの短縮形は 1 語として数え，「. , ? !」は語数にふくめない。[10点×3]〈三重・改〉

【原稿】

> Hello, everyone. I'm going to tell you about my brother.
>
> (1)　クラスの中で一番速く走れること。
>
> (2)　サッカーを 10 年間練習していること。
>
> (3)　昨日，私に数学を教えてくれたこと。
>
> Thank you.

(1)	
(2)	
(3)	

5 次は，海外から日本を訪れた観光客(tourists)にとって関心が高いものをまとめた表(table)を見ながら，中学生の絵里(Eri)と健(Ken)が，ALTのジュリア(Julia)先生と，授業で話し合っている場面です。これを読んで，(1)(2)に答えなさい。　　　　　[6点×2]〈秋田・改〉

Rank	Before the visit	After the visit
1	Japanese food	①
2	Shopping	②
3	Sightseeing	Shopping
4	Walking in shopping areas	Sightseeing
5	Hot springs	③

（注）rank　順位　　　hot spring　温泉

Julia : Today, let's talk about the ideas for making our town more popular among the tourists coming to Japan. Can you say something about this table, Eri?

Eri : "Japanese food" is the most popular among the tourists. The rank doesn't change after their visit.

Julia : Yes, it's one of the most popular foods in the world.

Eri : Well, I have an idea. How about starting a cooking class in a restaurant?

Ken : Sounds interesting.

Eri : Thanks. It'll be a good place to learn a different culture. | → 　 → |

Julia : Great. Anything else about the table, Ken?

Ken : After their trip, "Hot springs" became more popular than "Shopping." And "Enjoying the seasons" came after "Sightseeing." I think the tourists can enjoy many hot springs in our town.

(1) "Hot springs"は表の中の①～③のどこに入るか，1つ選んで記号で答えなさい。

(2) 本文中の | → 　 → | には，次の英文ア～ウが入る。話の流れが最も適当になるように並べかえ，順序を記号で答えなさい。

　　ア　The tourists can learn how to cook Japanese food and enjoy eating it.

　　イ　Then many people will be interested in Japanese food.

　　ウ　When they go back, they can talk about their experience to others.

(1)		(2)	→ 　 →

44

6　次の2つの英文は，それぞれ，アメリカに住むベッキー(Becky)さんと，日本に住む友人の高校生の真理子(Mariko)さんがやりとりしたメールである。これらを読んで，(1)〜(3)に答えなさい。

［(1)(2)8点 (3)4点］〈徳島・改〉

【メールA】　真理子さんがベッキーさんを訪問する前のもの

Hi, Mariko.

Thank you for your e-mail. <u>I'm really excited</u> that you are going to come to America and stay at my home for a week. I can't wait.

I'll meet you at the airport with my family. I want to visit many places with you. I hope I can hear from you soon.

See you,

Becky

【メールB】　真理子さんが日本に帰った後のもの

Dear Becky,

How are you doing? I'm home now. Thank you for everything you did for me. I had a wonderful time with you.

When I arrived at the airport and saw you and your family, I was so happy. All of you had to wait for a long time because my flight was two hours late. But you said to me, "No problem." I'll never forget it.

I enjoyed talking with you and visiting many places. I'm going to send you some pictures I took in front of the science museum.

☐＿＿＿＿＿＿,

Mariko

　　　　(注) airport　空港　　hear from 〜　〜から連絡をもらう　　flight　飛行機の便

(1)　下線部について，ベッキーさんはどのようなことにわくわくしているか。日本語で書きなさい。

(2)　次の英文の＿＿＿＿に適切な英語を入れて，〈質問〉に対する〈答え〉を完成させなさい。

　　〈質問〉Where did Mariko take the pictures she is going to send to Becky?

　　〈答え〉She took them ＿＿＿＿＿＿＿＿＿＿＿＿＿＿＿＿＿＿＿＿＿.

(3)　☐に入る挨拶としてふさわしくないものを，ア〜エから1つ選び，記号で答えなさい。

　　　ア　Best wishes　　イ　A long time ago　　ウ　Bye for now　　エ　Take care

(1)		
(2)	She took them　　　　　　　　　　　　　　　　　　　　　　　　　　　　.	(3)

1 次の英文の_____に合う語を□□内から選び，適当な形に変えて答えなさい。ただし，同じ語を二度使わないこと。 [5点×3]〈沖縄・改〉

(1) I'm _____ in Japanese *manga*. I want to go to Japan in the future.

(2) The girl _____ in the park is my sister.

(3) My mother _____ me this watch as a birthday present last year.

> run / know / like / interest / give / begin

(1)		(2)		(3)	

2 次の対話が成り立つように，_____に入る適当な語を答えなさい。 [5点×3]〈島根・改〉

(1) A : Miki isn't at school today. Do you know why?

 B : I hear she is _____ in bed. I hope she will get well soon.

(2) A : What _____ do people in Australia speak?

 B : Many people there speak English.

(3) A : Where is Becky?

 B : She is in her room. I think she is _____ the new book now. She bought it yesterday.

(1)		(2)		(3)	

3 美穂(Miho)は，初めて日本に来る友人のケビン (Kevin) を夕食に招くことになった。美穂は，(1)ケビンのために，母といっしょに日本料理を作るので，(2)苦手な食べ物があったら教えてほしいという内容を，電子メールでケビンに伝えることにした。あなたが美穂なら，下線部の内容をどのようにケビンに伝えるか。伝える言葉を，英語で書きなさい。[9点×2]〈静岡・改〉

(1)	
(2)	

4 次は，*Takeru*と留学生の*Chris*の対話の一部である。*Takeru*は，□□に書かれた明日の予定を見ながら*Chris*にその内容を伝えている。_____ に適当な語句を，(1)は1語で，(2)，(3)は3語以上で答えなさい。 [(1)6点 (2)(3)8点]〈山口〉

```
〈明日の予定〉
  2時限目  国語  →  数学に変更
  午　　後  運動会の練習（飲み物持参）
  放 課 後  公園清掃のボランティア活動
            参加希望者は校門前に集合（4 p.m.）
```

Takeru : Chris, we'll have _____(1)_____ tomorrow for the second class.

Chris : I see. So it's changed from Japanese.

Takeru : Right. In the afternoon, we'll practice for the Sports Day. It'll be hot, so we have to bring _____(2)_____. Water or tea, for example.

Chris : OK, I will. By the way, what will we do at 4 p.m.?

Takeru : Volunteer work. Students are _____(3)_____ the park near our school. They'll meet at the school gate at 4 p.m. I'll join them.

Chris : Oh, I want to join them, too. Thank you, Takeru.

(1)		(2)		(3)	

---

5 次の(1)と(2)の英文を読んで，それぞれの問いに答えなさい。 [(1)6点×2 (2)①10点 ②8点]〈千葉・改〉

(1) Today many people use passwords when they use computers. If other people know your passwords, they can get your information, or buy something with your money. So, you should not make your passwords too （　①　）. They need to be difficult for other people to guess. You should mix big letters like A, B or C, small letters like a, b or c, numbers like 1, 2 or 3 and even "!", "$" or "&". But passwords also need to be easy for you to （　②　）. If you forget your passwords, you will have trouble.

（注）password　パスワード　　mix　〜を混ぜる　　letter　文字

本文中の（　①　），（　②　）に適当な語を，それぞれ**ア〜エ**から選び，記号で答えなさい。

① **ア** simple　　**イ** long　　**ウ** hard　　**エ** difficult

② **ア** share　　**イ** send　　**ウ** remember　　**エ** break

(2)　Have you ever thought about traveling to space?　About sixty years ago most people didn't think it was possible, but now, some travel companies have started to sell space trips.　One British space travel company will take people to space in a few years.　About six hundred people all over the world have already bought tickets for these trips.　About twenty of them are Japanese.　It is only a two-hour trip, but they can enjoy a great view of the earth.　Other companies are planning to build hotels in space.　In the future, it will be possible for students to enjoy school trips to space.

(注) space　宇宙　　possible　可能な　　British　イギリスの　　view　景色
plan　〜を計画する

①　本文中の内容に関する次の質問に，英語で答えなさい。

What can the people see during the space trip?

②　本文の内容と合っているものを，ア〜エから1つ選び，記号で答えなさい。

ア　今から60年前に宇宙旅行のチケットを売ろうと計画した会社があった。

イ　イギリスの会社が数年前に初めて，一般の人々を宇宙旅行に連れて行った。

ウ　宇宙旅行に参加する人々が，宇宙旅行を楽しめるのは2時間だけである。

エ　現在，世界初の宇宙ホテルがイギリスの会社によって建設中である。

(1)	①		②			
(2)	①				②	

高校入試 10日でできる!

中学3年分まるごと総復習 （英語）

解答・解説

得点チェックグラフ

「定着させよう」「入試にチャレンジ」の得点を，下の棒グラフを使って記録しよう。得点が低かった単元は「整理しよう」から復習して弱点をなくそう。

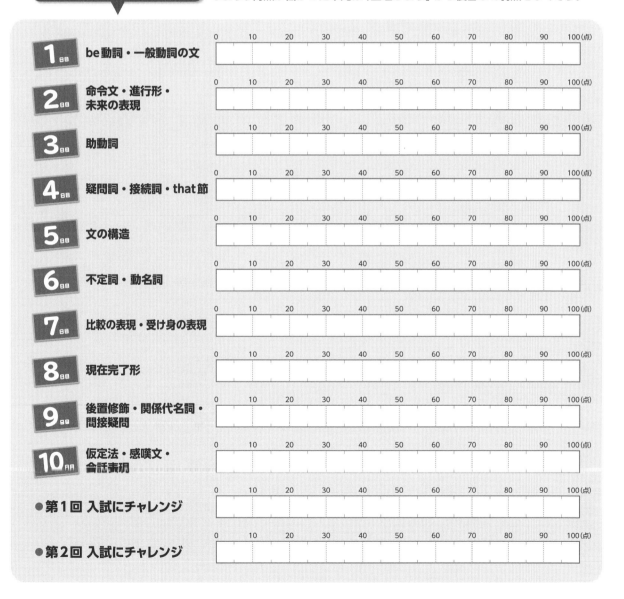

		0	10	20	30	40	50	60	70	80	90	100(点)
1日目	be動詞・一般動詞の文											
2日目	命令文・進行形・未来の表現											
3日目	助動詞											
4日目	疑問詞・接続詞・that節											
5日目	文の構造											
6日目	不定詞・動名詞											
7日目	比較の表現・受け身の表現											
8日目	現在完了形											
9日目	後置修飾・関係代名詞・間接疑問											
10日目	仮定法・感嘆文・会話表現											
●第1回 入試にチャレンジ												
●第2回 入試にチャレンジ												

文英堂

整理しよう　解答

1 (1) is　(2) are　(3) was　(4) were
2 (1) not　(2) isn't　(3) weren't
　　(4) Is　(5) Were / was
3 (1) walks　(2) has　(3) saw
　　(4) bought
4 (1) doesn't like
　　(2) Do, eat [have]
　　(3) did not
　　(4) Did, swim / they didn't
5 (1) There is　(2) Are there

解説

1 (1) Ken's brother は 3 人称単数。**is** を使う。
　(2) We は複数なので **are** を使う。
　(3) It は 3 人称単数。過去の文なので **was** を使う。
　(4) These books は複数。過去の文なので **were** を使う。
2 (1) I'm = I am。否定文は **not** を入れる。
　(2) John は 3 人称単数。is not の短縮形 **isn't** を入れる。
　(3) Those questions は複数。過去で空所は 1 つなので短縮形 **weren't** を入れる。
　(4) that bag は 3 人称単数。**Is** を入れる。
　(5) you が主語で過去の文。**Were** を使う。答えの文は I が主語なので **was** を使う。
3 (1) Koji は 3 人称単数。動詞に **s** をつける。
　(2) Mr. Suzuki は 3 人称単数。**has** を使う。
　(3) 過去の文なので **saw** にする。
　(4) 過去の文なので **bought** にする。
4 (1) My grandfather は 3 人称単数。空所の数から短縮形 **doesn't** を使う。
　(2) 主語が you なので **Do** を使う。「食べる」は **eat** または **have** を使って表す。
　(3) 過去の否定文なので **did not** とする。
　(4) 過去の疑問文は **Did** を使い，動詞は原形で **swim**。No なので **didn't** とする。

5 (1) a cat は単数。**There is 〜.** にする。
　(2) 疑問文は Are を **there の前**に出す。

定着させよう　解答

1 (1) is　(2) visited　(3) Does
　　(4) was
2 (1) ウ　(2) ウ
3 (1) took　(2) wrote　(3) has
　　(4) were
4 (1) I cooked lunch yesterday.
　　(2) She doesn't use this computer.
　　(3) My friends and I didn't [did not] run to the station.
　　(4) Was it sunny in Sapporo last Friday? —— (No,) it wasn't.
5 (1) (My) favorite subject is (English.)
　　(2) Sota didn't get up early (yesterday.)
　　(3) (My brother usually) listens to music (after dinner.)
　　(4) There were not any students in (the classroom.)
6 (1) Is she from Okinawa?
　　(2) Did you enjoy the festival last week? [Last week, did you enjoy the festival?]
　　(3) There is a good [nice] restaurant near my uncle's house.

解説

1 (1) This は 3 人称単数なので **is** を使う。
　(2) 過去の文なので動詞を過去形の **visited** とする。
　(3) he は 3 人称単数なので **Does** を使う。
　(4) 過去の文で単数なので **was** を使う。
2 (1) B が didn't を使って答えているので，たずねるときは **Did** を使う。
　(2) now とあるので現在の文。She は 3 人称単数なので **teaches** を使う。
　訳 A：あなたのお姉さん [妹さん] は京都で働いているのですか。

B：はい。彼女は先生です。今は，高校で数学を教えています。

3 (1) takeで「(写真を)撮る」。last summerなのでtakeを過去形**took**にする。

訳 私はこの前の夏にオーストラリアでたくさんの写真を撮りました。

(2) two weeks agoなので，writeを過去形の**wrote**にする。

(3) 「マイクは今，寝ています」という最初の文から現在の文と判断する。have a headacheで「頭が痛い」。Heは3人称単数なので**has**とする。

(4) 直前の文にyesterdayとあるので過去の文。many childrenは複数なので，be動詞は**were**を使う。

訳 私たちは昨日，息子のためにパーティーを開きました。だからこの部屋にはたくさんの子どもたちがいました。

4 (1) 過去の文にする。cook の過去形は**cooked**。

(2) Sheは3人称単数。**doesn't**を使う。

(3) ranはrunの過去形。否定文では〈**didn't [did not]＋動詞の原形**〉なので**run**にする。

(4) 疑問文はWasを**it**の前に出す。答えの文は3語なので**No, it wasn't.**。

5 (1) 「私の好きな教科」は **My favorite subject**。そのあとに**is**を続ける。

(2) 否定文なので，主語 Sota で始め，**didn't get up early**と続ける。

(3) 「音楽を聞く」は**listen to music**。My brotherが主語なので，**listens**となる。

(4) 「いませんでした」は**There were not**で表す。「～が1人[1つ]もない」は〈**There＋be動詞＋not any ～.**〉で表す。

6 (1) 「～の出身」は**is from ～**で表す。疑問文なので，**Is**を**she**の前に出す。

(2) 「～を楽しむ」は**enjoy ～**で表す。過去の疑問文なので**Did**で始める。last weekは文頭に置いてもよい。

(3) 「～があります」は**There is ～.**で表す。「～の近くに」は**near ～**。「私のおじの家」は**my uncle's house**。

2日目 命令文・進行形・未来の表現

整理しよう　　解答

1 (1) Use　(2) Don't　(3) Be
　　(4) Please eat　(5) Let's

2 (1) am reading　(2) is washing
　　(3) are singing　(4) was taking
　　(5) were running

3 (1) Is / is　(2) Are / aren't
　　(3) Were / weren't playing
　　(4) were, doing / was

4 (1) I'm going, practice
　　(2) going to leave
　　(3) not going, read
　　(4) Is, going to / she is

5 (1) will rain　(2) will be
　　(3) will not
　　(4) Will, come / it won't

解説

1 (1) 「使いなさい」は，原形**Use**で文を始める。

(2) 「～してはいけません」は〈**Don't＋動詞の原形.**〉で表す。

(3) 〈**Be＋形容詞.**〉で「～しなさい」を表す。

(4) ていねいに言うときは**please**を使う。

(5) 「～しましょう」は〈**Let's＋動詞の原形.**〉。

2 (1) 主語がIなのでbe動詞は**am**を使う。

(2) 主語がMy motherなので**is**を使う。

(3) 主語のchildrenは複数。**are**を使い，**singing**を続ける。

(4) 過去の文なので**was**を使う。take a bathのtakeを**-ing**形にする。

(5) peopleは複数扱い。過去の文なので**were**を使い，**running**を続ける。

3 (1) 現在進行形の疑問文にするので主語の前に**Is**がくる。be動詞を使って答える。

(2) 現在進行形の疑問文。**Are**を主語の前に置く。Noなので**aren't**とする。

(3) at that timeは「そのとき」。過去進行形の疑問文にする。主語が複数なので，

Wereを前に置く。答えの文はNoなのでweren'tを使い，playingを続ける。

(4) 「何をしていましたか」とたずねる文に。Whatのあとは，過去進行形の疑問文が続く。

4 (1) I amの短縮形I'mを使う。goingを続け，toのあとにpracticeを入れる。

(2) 「～を出発する」はleave ～。areのあとにgoing to leaveと続ける。

(3) 否定文はisの直後にnotを置く。

(4) Ms. Tanakaが主語なのでIsで始める。答えの文の主語はshe。

5 (1) willの直後に原形rainを続ける。

(2) willのあとなので，原形beにする。

(3) 否定文はwillのあとにnotを置く。

(4) 疑問文は主語の前にWillを出す。答えの文はwill notの短縮形won'tを使う。

定着させよう　　　解答

1 (1) Look　(2) are　(3) studying
(4) please

2 (1) イ　(2) ウ　(3) ア　(4) エ

3 (1) Don't　(2) looking　(3) going
(4) listening

4 (1) I will help the children.
(2) My parents aren't[are not] going to come with me.
(3) Don't take a picture here.
(4) Be kind to everyone.

5 (1) (My) sister is reading a book (now.)
(2) (My friends) and I will go to the concert (.)
(3) Come home before it gets (dark.)
(4) Don't use Japanese during (this game.)
(5) (I) am going to send this picture (to the contest.)

6 (1) I was doing my homework then.

---

(2) Let's play soccer in[at] the park.
(3) Are you going to take a bus?

解説

1 (1) 「～を見る」はlook at ～。命令文なので，原形Lookで文を始める。

(2) Weは複数なのでareを使う。

(3) 「勉強する」はstudy。studyingにする。

(4) ていねいに言うときはpleaseを使う。

2 (1) 主語がないのでLet'sを選ぶ。

(2) goが原形なのでwon'tを入れる。

(3) walkingがあるので進行形の文。the dogは単数なので，Wasを選ぶ。

(4) 原形Doで始めて命令文にする。

3 (1) Bの「わかっているけど，とてもおなかがすいているんだ」から，Aは「食べてはいけません」と言っているとわかる。

(2) Bが道順を説明しているので，Aは「市役所を探しています」と言っているとわかる。lookingとする。

(3) Aの文がAreで始まっているので，Are they going to ～?とする。

(4) isがあるのでlisteningと現在進行形の文にする。

4 (1) am going toをwillにかえる。

(2) isn'tをaren'tにかえる。

(3) Let'sをDon'tにかえる。

(4) 主語のYouをとり，areをBeにかえる。

5 (1) 〈主語＋be動詞＋-ing形〉にする。

(2) 主語My friends and Iのあとに〈will＋動詞の原形〉を続ける。

(3) 「家に帰ってきなさい」はCome home。「～の前に」はbefore ～。「暗くなる」は主語にitを使い，it gets darkとする。

(4) 「～してはいけません」なのでDon'tで始め，use Japaneseと続ける。「～の間[～では]」はduring ～で表す。

(5) 「～するつもり」はam going to ～とする。

6 (1) 「～していました」なので過去進行形にする。

(2) 「～しましょう」なのでLet'sで始める。

(3) 7語の指定なので，willではなくbe going to ～を使う。

3日目 助動詞

整理しよう　　解答

1 (1) can　(2) must　(3) should
　　(4) may

2 (1) ア　(2) イ　(3) ウ　(4) イ

3 (1) 持ってきましょうか
　　(2) 座りませんか
　　(3) 開けていただけますか
　　(4) 見てもいいですか
　　(5) 踊りませんか
　　(6) 手伝ってくれませんか

4 (1) were able　(2) have to speak
　　(3) will be able　(4) not able to
　　(5) Does, have / she doesn't

解説

1 (1)「～することができる」は**can**を使う。
　　(2)「～しなければならない」は**must**を使う。
　　(3)「～すべきだ」は**should**を使う。
　　(4)「～かもしれない」は**may**を使う。

2 (1)「～できない」はcanの否定形，**cannot**を入れる。ふつうcannotとくっつけて書き，1語として扱う。
　　(2)「～でないかもしれない」なので，**may not**を入れる。
　　(3)「～すべきではない」なので，should notの短縮形**shouldn't**を入れる。
　　(4)「～できなかった」なので，can'tの過去形**couldn't**を入れる。

3 (1) **Shall I ～?**は「～しましょうか」と申し出る表現。断るときは，No, I'm fine. / No, thank you.のように言う。
　　(2) **Will you ～?**は「～しませんか」と勧誘の表現としても用いられる。
　　(3) **Could you ～?**は「～していただけますか」とていねいに依頼する表現。**Would you ～?**もほぼ同じ意味を表す。
　　(4) **May I ～?**は許可を求める表現。答える人が目上の立場の場合はYes, you

may. / No, you may not. と答え，目上の立場でない場合は，Sure. / Sorry, but you can't. などと答えるとよい。
　　(5) **Shall we ～?**は「～しませんか」と誘う表現。Let's ～. とほぼ同じ意味を表す。答えるときは，Yes, let's. のほかにSure. / Why not?などと言う。
　　(6) **Can you ～?**は「～してくれませんか」と依頼する表現。**Will you ～?**もほぼ同じ意味を表す。

4 (1) あとにtoがあることから，**be able to ～**を使う。過去の文で主語がtheyなのでbe動詞は**were**。
　　(2) 空所の数から，**have to ～**を使う。toのあとは原形の**speak**を入れる。
　　(3)「～することができるでしょう」と未来の表現は**will be able to ～**で表す。
　　(4) **be able to ～**のbe動詞の直後に**not**を置いて，「～することができない」という意味を表す。ここではI'mの直後にnotを置く。
　　(5) toがあるので**have to ～**を使った疑問文にする。主語がsheなので**Does**で始め，**does**を使って答える。

定着させよう　　解答

1 (1) wasn't able to
　　(2) don't have to
　　(3) must go　(4) Shall I

2 (1) must [may] not　(2) can enjoy
　　(3) Shall we　(4) couldn't play

3 (1) She will be able to read this book soon.
　　(2) We had to walk to the village last Sunday.
　　(3) Can small children play this game? —— No, they can't [cannot].
　　(4) You must take care of the dog every day.

4 (1) I have to do my homework (today.)

(2) (The) students in our city can go (to Australia.)

(3) Can you carry this bag (to the room?)

5 (1) イ (2) エ

6 (1) You have to clean your room.

(2) Shall I take a picture[some pictures]?

(3) Can [May] I go to the [a] concert with them?

解説

1 (1) 空所の数から，**be able to ～**を使う。過去の文なのでbe動詞は**was**を使う。

(2) 「～する必要はない」という意味を表すので，**don't have to ～**を使う。

(3) 空所の数から，**must**を使う。mustのあとの動詞は原形なので**go**を入れる。

(4) 「（私が）～しましょうか」は**Shall I ～?** で表す。

2 (1) 「この部屋で食べたり飲んだりしてはいけません」という禁止の命令文。**must not**，または**may not**を使う。

(2) 「私たちは山から美しい景色を楽しむことができます」という意味にする。are able to を **can** にかえる。

(3) 「今，昼食を食べましょう」と誘う文。**Shall we ～?** を使って「（いっしょに）～しませんか」という意味の文にする。

(4) weren't able toは「～できなかった」という過去の表現。canの過去形**could**を否定形**could not [couldn't]** にし，あとに**原形**を入れる。

3 (1) willとcanを続けて使うことはできないので，**will be able to ～**とする。

(2) 「～しなければならなかった」という文にする。mustの過去形はないので，**had to ～**を使って表す。

(3) **can**の疑問文は**can**を主語の前に出す。small children を **they** で言いかえ，**No, they can't [cannot] .** と答える。

(4) have to を **must** にかえる。take care of ～で「～の世話をする」。

4 (1) 「～しなければならない」なので，主語Iのあと，**have to ～**と続ける。

(2) 「私たちの市の生徒」は The **students in our city**。「行くことができる」は**can go**で，to Australia につなげる。

(3) 「～してもらえますか」は**Can you ～?** で表す。そのあとに**carry this bag**を続ける。

5 (1) 空所のあと，ユキはペンを「はい，どうぞ」と差し出している。マリアはユキのペンを使ってもよいかたずねたと判断する。

　訳 マリア：ユキ，あなたは今ペンを持っていますか。

　　ユキ：はい，持っています。

　　マリア：あなたのペンを使ってもよいですか。

　　ユキ：もちろんです。はい，どうぞ。

　ア　あなたのペンを使ってくれませんか。

　イ　あなたのペンを使ってもよいですか。

　ウ　あなたは私のペンを使いますか。

　エ　私のペンを使ってもよいですか。

(2) 空所のあとで「待ちますよ」と言っている。BのCould you ～?という依頼に対して，承知する返事をしたと考える。

　訳 A：買い物に行きましょう。

　　B：10分間待ってくれませんか。

　　A：問題ありません。待ちますよ。

　ア　都合がよくありません。

　イ　あいにくできません。

　ウ　いいえ，けっこうです。

　エ　問題ありません[いいですよ]。

6 (1) 6語の指定なので，「～しなければならない」は**have to ～**を使う。「自分の部屋」は**your room**とする。

(2) 「～しましょうか」と申し出るときは**Shall I ～?** で表す。

(3) 「～してもいいですか」と許可を求めるときは，**Can I ～?** または**May I ～?** で表す。「彼らといっしょに」**with them**を最後につける。

整理しよう　　解答

1. (1) What　(2) Who　(3) When
   (4) Where　(5) What time
   (6) How
2. (1) ① or　② but　③ so　④ and
   (2) ① when　② that　③ if
   　　④ because　⑤ don't think
   　　⑥ is　⑦ are
3. (1) teaches us that
   (2) told me that I
4. (1) 彼に再び会えて
   (2) きっとあなたはよい先生になるだ
   　　ろう

解説

1. (1) 「何」は**what**を使う。
   (2) 「だれ」は**who**を使う。
   (3) 「いつ」は**when**を使う。
   (4) 「どこ」は**where**を使う。
   (5) 「何時に」は**what time**を使う。
   (6) 「どうやって」は**how**を使う。
2. (1) ① 「電車かバス」なので「または」という
   　　意味を表す**or**を入れる。
   　　② 「…だが~」という意味を表すときに
   　　使うのは**but**。
   　　③ 「…なので~」は**so**を使って表す。
   　　④ 「行って」は「行きました。そして」と
   　　いう意味なので，**and**を入れる。
   (2) ① **when**を入れ，「彼女（＝エリ）は学
   　　生のとき，」という意味にする。
   　　② **that**を入れ，「私は彼のお母さんは
   　　医者だと思います」という文にする。
   　　③ 「もし~ならば」は**if**を使って表す。
   　　④ Soの前の理由を表す部分があとに
   　　くるので，**because**を使い，「なぜな
   　　らとてもうれしかったからです」とする。
   　　⑤ 「おそすぎないと思います」という文
   　　にする。「~ではないと思う」は**don't**

think（**that**）~で表す。
   　　⑥ 「もし明日が雨ならば，」という意味
   　　にする。if ~の部分の動詞は未来のこ
   　　とでも**現在形で表す**。
   　　⑦ 「ひまなときに」という意味にする。
   　　when ~の部分の動詞は未来のことで
   　　も**現在形で表す**。
3. (1) 〈主語＋動詞＋人＋that節〉の語順。
   (2) 〈主語＋動詞＋人＋that節〉の語順。
   　　「人」の部分は目的格がくるのでme，
   　　that節の主語にはIを使う。
4. (1) **be glad that** ~で「~でうれしい」。
   (2) **be sure that** ~で「きっと~だと思う」。

定着させよう　　解答

1. (1) イ　(2) ア　(3) ウ　(4) イ　(5) ウ
   (6) エ
2. (1) Where　(2) What time
   (3) Who　(4) How
   (5) Whose / Where
3. (1) Let's go fishing if it is [it's]
   sunny [fine]. [If it is sunny [fine],
   let's go fishing.]
   (2) I was happy that my mother
   gave me a nice camera.
   (3) ① Why did you go to bed early
   last night?
   ② Because I was [we were]
   tired.
4. (1) I'm afraid that it'll be rainy
   (tomorrow.)
   (2) How can I get to (the station?)
   (3) When did you go to (the
   concert?)
   (4) Who came into this room
   (when I was out?)
5. (1) How much is that cake?
   (2) He told me that he was hungry.
   (3) Which did Kazu play, baseball
   or basketball?

1 (1) 曜日をたずねるときは**What day**を使う。

(2) **many**を入れ、「あなたはCDを何枚持っていますか」とたずねる文にする。

(3) 「晴れです」と答えているので、**How**を入れ、「天気はどうですか」とたずねる。Whatを使うときはWhat is the weather like?とlikeが必要。このlikeは前置詞で、「～のような」という意味。

(4) Whoが主語なので、動詞はそのまま過去形の**took**を続ける。

(5) 「だいたい2週間です」と期間について答えている。期間をたずねるときは**How long**を使う。

(6) 答えの文がBecauseで始まっている。理由をたずねる**Why**を入れる。

2 (1) Bが場所を答えているので、**Where**を入れて「どこに住んでいますか」とたずねる文にする。

(2) Bが時刻を答えているので、**What time**を入れて「何時ですか」とたずねる文にする。

(3) BがRyota did（= carried this map).と人物を答えているので、**Who**を入れて「だれが教室にこの地図を運んだのですか」とたずねる文にする。

(4) Bに対してAが「ええと…これらのトマトを切ってくれますか」と答えているので、**How**を入れて「どのようにお手伝いしたらいいですか」とたずねる文にする。

(5) 最初の空所には、Bがmine「私のもの」と答えていることから**Whose**を入れて持ち主をたずねる文にする。次の空所には、Aがかばんのあった場所を答えているので、**Where**を入れて「どこで見つけたのですか」とたずねる文にする。

3 (1) 日本語の「もし晴れたら」は未来について表しているが、英語では必ず**現在形**で**if it is**[it's] **sunny**とする。ifで始まる部分は、文の前半でも後半でもよいが、前半に置くときはコンマで区切る。

(2) **be happy that ～**「～でうれしい」を使った文にする。soの前の部分がI was happyの理由なので、that節には**my mother ～**を入れる。

(3) **Why**のあとに疑問文の語順を続ける。wentは過去形なので**Why did you go ～?**とする。答えるときは**Because**で始め、**I was**[we were] **tired.**と続ける。

4 (1) **be afraid that ～**で「**残念ながら～と思う**」。「残念ながら明日は雨だろうと思います」という文にする。

(2) 「どうやって行ったらいいですか」とたずねる文にする。**How**で始め、**can**の疑問文を続ける。

(3) 「あなたはいつコンサートに行きましたか」とたずねる文にする。**When**のあとは**did**を使った疑問文の語順にする。

(4) Bが人物を答えているので、「だれがこの部屋に入ってきましたか」とたずねる文にする。**Who**が主語なので、直後に**came**を続ける。

5 (1) 「いくら」を表す**How much**で文を始める。be動詞は**is**を使う。

(2) 〈**tell＋人＋that ～**〉「(人)に～ということを言う」を使った文にする。that節の中のbe動詞は、主節の「言った」**told**に合わせて**過去形was**にする。

(3) まず、「カズはどちらをしましたか」という疑問文を作る。**Which**で始め、**did Kazu play**と続ける。コンマのあとに **baseball or basketball**と続けて、「野球それともバスケットボール」と表す。

5日目 文の構造

整理しよう　解答

1 (1) イ　(2) ウ　(3) ア　(4) イ

2 (1) showed us　(2) buy you
(3) teaches you　(4) it, her
(5) make, for

3 (1) her brother math
(2) Emi a doll
(3) him the news
(4) to me
(5) make, for them
(6) give, to me

4 (1) call our dog　(2) call this lake
(3) made them sad
(4) make you sleepy
(5) make you tired
(6) What do, call
(7) didn't make, famous

解説

1 (1) 「～になる」で後ろに**名詞**があるので**become**を選ぶ。
(2) get ～「～になる」は進行形で「（だんだん）～になってくる」という意味を表す。**getting**を選ぶ。
(3) 「～に見えた」なので**looked**を選ぶ。seeは「～を見る」という意味でしか使えない。got surprised「驚いた」では日本文に合わない。
(4) 「～に聞こえる」は**sound ～**。Thatが主語なのでsをつけ，soundsとなる。listenは「～に聞こえる」という意味では使えない。

2 (1) 「（人）に（もの）を見せる」は〈**show＋人＋もの**〉の語順。
(2) 「（人）に（もの）を買う」は〈**buy＋人＋もの**〉の語順。
(3) 「（人）に（もの）を教える」は〈**teach＋人＋もの**〉の語順。主語が**Who**なので

teachにesをつける。
(4) toがあるので〈**give＋もの＋to＋人**〉にする。「もの」が代名詞（it）のときは必ずこの語順にする。
(5) 「もの」の後ろに「人（me）」があるので，〈**make＋もの＋for＋人**〉の語順になる。

3 (1) 〈teach＋もの＋to＋人〉を〈**teach＋人＋もの**〉の語順にする。
(2) 〈buy＋もの＋for＋人〉を〈**buy＋人＋もの**〉の語順にする。
(3) 〈tell＋もの＋to＋人〉を〈**tell＋人＋もの**〉の語順にする。
(4) 〈show＋人＋もの〉を〈**show＋もの＋to＋人**〉の語順にする。
(5) 〈make＋人＋もの〉を〈**make＋もの＋for＋人**〉の語順にする。
(6) 〈give＋人＋もの〉を〈**give＋もの＋to＋人**〉の語順にする。

4 (1) 「（人・もの）を（名前）と呼ぶ」は〈**call＋人・もの＋名前**〉で表す。ここでは「人・もの」が**our dog**で，「名前」が**Sunny**。
(2) 「人・もの」が**this lake**で，「名前」が**Biwako**。
(3) 「（人・もの）を…にさせる」は〈**make＋人・もの＋形容詞**〉で表す。過去の文なので**made**とする。「悲しい」は**sad**。
(4) makeのあとに**you**を置き，**sleepy**「眠い」を続ける。
(5) Didで始まる疑問文なので，**make**は**原形**のまま。
(6) 「名前」にあたる**What**を文頭に置き，疑問文の語順にする。「人・もの」にあたるのは**that tree**。
(7) 過去の否定文にする。空所の数に合わせ，**didn't**を使う。「有名な」は**famous**。

定着させよう　解答

1 (1) smells　(2) show me
(3) made, sad　(4) give you

2 (1) ウ　(2) エ　(3) イ　(4) ア

3 (1) This cake doesn't[does not] taste good.
　(2) My sister often teaches English to me.
　(3) We should tell it to her.
　(4) Aki bought her grandmother some flowers.

4 (1) (Our teacher) gave us information about (volunteer work.)
　(2) It sounded very easy (, but actually it wasn't.)
　(3) Let's call this cat (Milk.)

5 (1) (My father) gave it to me (.)
　(2) (Will you) show them to me(?)
　(3) (That) news made us very happy (.)

6 (1) Your father's car looks new.
　(2) Don't show it to them.
　(3) Please call me Tina. [Call me Tina, please.]

解説

1 (1) 「～の香りがする」は **smell ～** で表す。
　(2) 「私に見せる」なので **show me** を入れる。
　(3) 「(人)を～にする」は〈**make＋人＋形容詞**〉で表す。
　(4) 「あなたにあげる」なので **give you** を入れる。

2 (1) 「あなたのために夕食を作りましょうか」とする。make には **for** を使う。
　(2) 「英語でこの食べ物を何と言いますか」とする。〈**call＋人・もの＋名前**〉で表す。What が「名前」，this food が「人・もの」にあたる。
　(3) 「タカシは野球をするとき楽しそうに見えます」とする。**looks** を選ぶ。
　(4) **sound** を選び，「おもしろく聞こえませんでした[おもしろそうではありませんでした]」とする。

3 (1) 主語が3人称単数なので **doesn't** を使って否定文にする。
　(2) to を加え，〈**teach＋もの＋to＋人**〉の

語順にする。
　(3) 「もの」が代名詞のときは，必ず〈**tell＋もの＋to＋人**〉の語順にする。
　(4) for をとり，〈**buy＋人＋もの**〉の語順にする。

4 (1) 「～に関する」は about ～。〈**give＋人＋もの**〉に about (volunteer work) を続ける。
　(2) 「～に聞こえた」なので，主語 **It** のあとは **sounded** にする。
　(3) 「～しましょう」なので **Let's** で始める。「AをBと呼ぶ」は **call A B** で表す。

5 (1) 主語 My father のあとは動詞 **gave** が続く。「もの」が代名詞の it なので，〈**give＋もの＋to＋人**〉の語順にする。
　訳 A：すてきなバッグを持っていますね。
　　B：ありがとう。父が私にそれをくれました。
　(2) Will you のあとを〈**show＋もの＋to＋人**〉の語順にする。「もの」は **them**，「人」は **me**。代名詞がそれぞれ何を指すかを確認する。
　訳 タロウ：母がこのくつを買ってくれたんだ。
　　ボブ：わあ！ 見せてくれる？
　(3) That news「そのニュース」を主語にして，〈**make＋人＋形容詞**〉の語順にする。
　訳 A：私たちのお気に入りの野球チームが試合に勝ちましたね。
　　B：はい，そうですね。そのニュースで私たちはとてもうれしくなりました。

6 (1) 「新しそうに見える」は **looks new**。主語が3人称単数なので s を忘れないこと。
　(2) 「～してはいけません」は **Don't ～.** で表す。「それを彼らに見せる」は，it が代名詞なので〈**show＋もの＋to＋人**〉の語順で表す。
　(3) 「AをBと呼ぶ」は **call A B**。A にあたるのが **me**，B にあたるのが **Tina**。「～してください」なので，文頭か文末に **please** を置く。文末に置くときは，ふつう，前にコンマをつける。

整理しよう　　　解　答

---

1 (1) To learn [study]
　(2) to make [cook]
　(3) to eat　(4) to visit
2 (1) イ　(2) イ　(3) ウ　(4) ア
3 (1) for, to play　(2) easy, us, speak
　(3) interesting for, to
　(4) difficult for, swim
4 (1) help, prepare　(2) let, study
　(3) made, clean
5 (1) want you to sing
　(2) ask him to wash
　(3) told me to go to

解説

1 (1) 「～すること」は〈**to＋動詞の原形**〉で表す。To learn[study] English とする。
　(2) 「～するために」は〈**to＋動詞の原形**〉で表す。
　(3) 「何か～するもの」は〈**something to＋動詞の原形**〉で表す。「何か食べるもの」は something to eat となる。
　(4) 「～すべき場所」は〈**place to＋動詞の原形**〉で表す。
2 (1) 「～すること」は〈**to＋動詞の原形**〉か -ing 形で表すので，**Reading** を選ぶ。
　(2) stop は目的語に -ing 形をとる動詞なので，**raining** を選ぶ。
　(3) 空所の直前に to があるので，「踊ること」は〈**to＋動詞の原形**〉を使って表す。原形の **dance** を選ぶ。
　(4) want は目的語に〈**to＋動詞の原形**〉をとるので，**to do** を選ぶ。否定文は，**did not [didn't] want to ～** となる。
3 (1) 「その男の子たちにとって」は **for the boys**。「テニスをすること」は **to play tennis** で表す。
　(2) 「簡単ではない」は **not easy**。「私たち

にとって」は **for us**。「英語を話すの［話すこと］」は **to speak English** で表す。
　(3) 疑問文は Is を主語 it の前に出す。「あなたにとって」は **for you**。「本を読むこと」は **to read books**。
　(4) 「私にとって難しい」は **difficult for me**。「泳ぐの［泳ぐこと］」は **to swim**。
4 (1) 「（人）が～するのを手伝う」は〈**help＋人＋原形不定詞**〉。
　(2) 「（人）が～するのを許す」は〈**let＋人＋原形不定詞**〉。
　(3) 「（人）に～させる」は〈**make＋人＋原形不定詞**〉。過去の文なので made とする。
5 (1) 「（人）に～してほしい」は〈**want＋人＋to＋動詞の原形**〉。
　(2) 「（人）に～するように頼む」は〈**ask＋人＋to＋動詞の原形**〉。
　(3) 「（人）に～するように言う」は〈**tell＋人＋to＋動詞の原形**〉。「寝る」は go to bed。

定着させよう　　　解　答

---

1 (1) want to　(2) asked, to
　(3) things to　(4) To see [meet]
2 (1) ア　(2) ウ　(3) イ　(4) ウ
3 (1) The girls started to sing.
　(2) It is [It's] not difficult for me to ride a bike.
　(3) We want something to drink.
4 (1) (It's) important to think about (peace.)
　(2) (What) made you want to learn (the history of the country?)
　(3) (I) don't think Erika likes to swim (.)
5 (1) (Can you) think of something good to (bring to the party?)
　(2) (Can you) give me something to eat (?)
　(3) (I'm) looking forward to swimming in the sea (.)

(4) (I) enjoyed watching movies on TV (.)

6 (1) I helped them move the heavy desk.
(2) Did you enjoy dancing at the festival?
(3) Shota decided to study science at [in] the university.

解説

1 (1) 「～になりたい」は**want to be ～**で表す。
(2) 「(人)に～するように頼む」は〈**ask＋人＋to＋動詞の原形**〉で表す。
(3) a lot ofがあるので「もの」は複数。「見るべきもの」は**things to see**となる。
(4) Why ～?の疑問文には，**To ～.**「～するために」と答えることができる。

2 (1) 空所の直前がgladなので，〈**形容詞＋to＋動詞の原形**〉で「～して…」という意味にする。
(2) be interested in ～「～に興味がある」に続くのは名詞なので，動名詞を選ぶ。空所のあとのtoに注目し，**listening**を選ぶ。
(3) 〈**let＋人＋原形不定詞**〉で「(人)に～させる，させておく」。
(4) 〈**want＋人＋to＋動詞の原形**〉で「(人)に～してほしい」。want to ～「～したい」との違いに注意する。

3 (1) singingを**to sing**にかえる。
(2) 〈**It is not＋形容詞＋for＋人＋to＋動詞の原形 ～.**〉の語順にする。
(3) 「何か飲むもの」は **something to drink**の語順になる。

4 (1) まず「大切です」を**It's important**で表す。そのあと「平和について考えることは」**to think about peace**と続ける。
(2) Whatで文が始まっていることに注目し，「何があなたに～を学びたくさせたのですか」と言いかえる。〈**make＋人＋原形不定詞**〉で「(人)に～させる」。「学びたい」は**want to learn**。
(3) don'tの主語はI，likesの主語はErika

となることに注目する。「～ではないと思う」は**don't think (that) ～**で表し，そのあとに**Erika likes to swim**と続ける。

5 (1) **think of ～**で「～を思いつく」という意味。形容詞はsomethingのあとに置き，**something good**とする。さらに**to bring**「持ってくるべき」を続ける。
　訳 A：何かパーティーに持ってくるのによいものを思いつかない？
　　　B：ピザを持ってくるのはどう？
(2) 〈**give＋人＋もの**〉の「もの」が**something to eat**で「何か食べるもの」という意味になる。
　訳 A：お母さん，おなかがすいた。何か食べるものをくれない？
　　　B：いいわよ。はい，どうぞ。
(3) **look forward to ～** で「～を楽しみに待つ」。このtoは不定詞を作るtoではなく前置詞なので，あとには動名詞を続け，**swimming in the sea**にする。
　訳 A：夏休みには何をするつもり？
　　　B：家族といっしょに3日間，沖縄に滞在するつもりだよ。海で泳ぐのを楽しみにしてるんだ。
(4) **enjoyed**のあとは動名詞の**watching**を置く。さらにmovies on TVと続ける。
　訳 A：この週末は何をしたの？
　　　B：テレビで映画を見て楽しんだよ。

6 (1) 「(人)が～するのを手伝う」は〈**help＋人＋原形不定詞**〉で表す。「人」の部分が代名詞の場合は目的格にするので，**helped them move ～**とする。
(2) まず「あなたは楽しみましたか」を**Did you enjoy**とする。enjoyは動名詞をとるので「踊って[踊ることを]」を**dancing**で表す。
(3) 「決める[決意する]」は**decide**で表す。「学ぼうと」は「学ぶことを」と考え，〈**to＋動詞の原形**〉で**to study**とする。

7日目 比較の表現・受け身の表現

整理しよう　解答

1 (1) smaller than　(2) faster than
(3) better [more] than
(4) more popular
(5) more important

2 (1) largest　(2) highest
(3) most famous　(4) best
(5) most popular

3 (1) as old as　(2) not as [so], as
(3) much faster　(4) and warmer

4 (1) is cleaned　(2) are seen
(3) was written by

5 (1) are not sold　(2) Was, built
(3) is spoken

解説

1 (1) 「～よりも…」は〈**比較級＋than ～**〉で表す。smallの比較級は **smaller**。
(2) 「速く」はfast。比較級は **faster**。
(3) 「BよりもAのほうが好きだ」は **like A better than B** で表す。betterのかわりにmoreが使われることもよくある。
(4) 「人気がある」はpopular。つづりの長い語なので，比較級は **more popular**。
(5) 「大切だ」はimportant。つづりの長い語なので，比較級は **more important**。

2 (1) 「最も…」は〈**the ＋最上級**〉で表す。largeの最上級は **largest**。
(2) highの最上級は **highest**。
(3) famousはつづりの長い語なので，最上級は **most famous**。
(4) 「最も上手に」は **the best** で表す。副詞の最上級の場合，theは省略することもある。「（限られた）数の中で」は〈**of the ＋数**〉で表す。
(5) popularの最上級は **most popular**。〈**one of the ＋最上級＋名詞の複数形**〉で「最も～な…の1つ[1人]」という意

味。

3 (1) アンとティムは同じ年齢なので，〈**as ＋原級＋as**〉を使って表す。
(2) 「6月は8月ほど暑くない」という文にする。〈**not as [so] ＋原級＋as**〉で表す。
(3) 「ダイはとても速く走れる」に対し，「リクは速く走れない」なので，〈**much ＋比較級**〉で「ダイはリクよりもずっと速く走れる」という文にする。
(4) 「今週は先週よりも暖かい。先週は2週間前より暖かかった」なので，〈**比較級＋and ＋比較級**〉で「どんどん暖かくなっている」という文にする。

4 (1) 「～される」は〈**be 動詞＋過去分詞**〉で表す。cleanの過去分詞は **cleaned**。
(2) 主語が複数なので **are** を使う。seeの過去分詞は **seen**。
(3) 過去の文なので **was** を使う。writeの過去分詞は **written**。「～によって」は **by** で表す。

5 (1) 受け身の否定文はbe動詞のあとにnotを置く。sellの過去分詞は **sold**。
(2) 受け身の疑問文はbe動詞を主語の前に出す。buildの過去分詞は **built**。
(3) 疑問詞が主語となる受け身の疑問文は，肯定文と同じ語順になる。speakの過去分詞は **spoken**。

定着させよう　解答

1 (1) more useful than
(2) the most popular
(3) highest, seen

2 (1) ウ　(2) エ　(3) ア

3 (1) colder, or　(2) more difficult
(3) was made　(4) were, taken

4 (1) My mother can cook better than my sister.
(2) Rie can skate (the) best of the three.
(3) This song was sung by some famous singers.

13

5 (1) （What sport）do you like the best（?）
   (2) （This book）is written in Japanese（.）
   (3) （Well, I think）this box is as large as（that one.）
   (4) （English）is spoken by many people（around the world.）
   (5) （It）was given to me by（my sister a week ago.）

6 (1) Basketball is loved by many people.
   (2) Our house is smaller than hers.

解説

1 (1) 「役に立つ」はuseful。比較級は**more useful**。
   (2) 〈**one of the＋最上級＋名詞の複数形**〉で「最も～な…の１つ」となる。
   (3) 最上級は**highest**。文の後半は受け身なので，２つめの空所には過去分詞**seen**を入れる。

2 (1) 直前にtheがあるので，最上級を入れる。**the best**で「最も優れた」。
   (2) It（＝This bridge）が主語。〈**be 動詞＋過去分詞**〉で「建てられた」と受け身で表す。
   (3) 受け身の未来を表す文は，〈**will be＋過去分詞**〉の語順になる。

3 (1) Bの答えから，Aは「12月と２月のどちらの月のほうが寒いですか」とたずねていると考える。
   (2) Bの答えから，Aは「私は英語は数学よりも難しいと思います」と言っていると考える。
   (3) BがNo.と答えたあとに加えた文はItが主語なので，「それは父によって作られました」という受け身の文になる。
   (4) Bの答えから，Aは「これらの写真はどこで撮られましたか」とたずねていると考える。takeの過去分詞は**taken**。

4 (1) wellの比較級**better**を使って「母は姉よりも上手に料理することができます」

という文にする。
   (2) 最も上手なのはリエということになる。〈**最上級＋of the＋数**〉の文にする。
   (3) 「この歌は何人かの有名な歌手たちによって歌われました」という受け身の文にする。singの過去分詞は**sung**。

5 (1) What sportのあとはdo you likeと疑問文の語順にし，**the best**をそのあとに置く。
   (2) 受け身の語順にする。〈be動詞＋過去分詞〉なので**is written**となる。
   (3) Bの発言の最後にあるthat oneのoneはboxを指すと考え，I thinkのあとの主語は**this box**とする。isのあとは〈**as＋原級＋as**〉の語順にする。
   訳 A：私はあの箱のような大きな箱がもう１つ必要です。
      B：そうですね，この箱はあの箱と同じくらいの大きさだと思います。
   (4) Englishが主語の受け身の文。主語のあとは**is spoken**と続ける。**by ～**で「～によって」を表す。
   訳 A：あなたはいつも英語を勉強していますね。
      B：英語は世界中でたくさんの人々に話されています。英語は重要です。それに，私は英語が大好きなんです。
   (5) Itが主語の受け身の文にする。**was given**のあと「ぼくに」を表す**to me**を続ける。by my sisterで「ぼくの姉［妹］によって」となる。

6 (1) 受け身の文で表し，**Basketball is loved**とする。そのあと「たくさんの人々に」**by many people**を続ける。
   (2) まず「私たちの家は小さいです」を**Our house is smaller**と比較級を使って表す。「彼女の家よりも」は，「家」がくり返しになるのでhers「彼女のもの」と言いかえ，**than hers**とする。

14

現在完了形

整理しよう　　　　　　　　　　解答

1 (1) have　(2) have just
　　(3) has already　(4) has, arrived
　　(5) have, washed
2 (1) has seen [watched]
　　(2) have had　(3) has taught
　　(4) have visited　(5) been to, once
3 (1) ア　(2) イ　(3) イ　(4) ウ
4 (1) have not finished [done]
　　(2) haven't taken, yet
　　(3) have never read
　　(4) Have, finished [done], yet / have
　　(5) Have, been to / haven't / never been
　　(6) has, lived / For

解説

1 (1) 「～してしまった」は現在完了形〈have [has] ＋過去分詞〉で表す。
　　(2) 「ちょうど～したところだ」は現在完了形の文で表す。just は have のあと，過去分詞の前に置く。
　　(3) 「もう～した」は現在完了形の文で表す。主語が3人称単数のときは〈has ＋過去分詞〉にする。肯定文では「もう」は already を使い，have のあと，過去分詞の前に置く。
　　(4) 主語が3人称単数なので has を使う。just のあとに過去分詞 arrived を置く。
　　(5) already の前に have を，あとに過去分詞 washed を置く。
2 (1) 「～したことがある」は現在完了形で表す。主語が3人称単数なので has と過去分詞 seen [watched] を使う。
　　(2) 主語のあとに have を置く。「～を飼う」は have ～。過去分詞 had にする。
　　(3) 主語が3人称単数なので has と過去分詞 taught を使う。
　　(4) 主語は複数なので have と過去分詞

visited を使う。
　　(5) 「～に行ったことがある」は have [has] been to ～ で表す。gone を使わないように注意。「一度」は once で表す。
3 (1) 「ずっと～している」は現在完了形で表す。live の過去分詞は lived。
　　(2) 主語が3人称単数のときの現在完了形は〈has ＋過去分詞〉で表す。know の過去分詞は known。
　　(3) have のあとは過去分詞 used にする。「～から [以来]」は since ～ で表す。
　　(4) 現在完了進行形〈have [has] been ＋ -ing形〉の形にする。
4 (1) 現在完了形の否定文にする。主語が I なので〈have ＋ not ＋過去分詞〉で表す。
　　(2) 空所の数に合わせ，短縮形 haven't を使う。「まだ」は yet を文末に置いて表す。
　　(3) 「一度も」なので not の代わりに never を使う。read の過去分詞は read。発音は過去形と同じ [red] なので注意。
　　(4) 現在完了形の疑問文は Have [Has] を主語の前に出す。「～を終えてしまった」は have finished [done]。「もう」は yet を文末に置いて表す。Yes で答えるときは have [has] を使う。
　　(5) 疑問文の語順にする。ever は「これまでに」の意味。No で答えるときは haven't [hasn't] を使う。「一度も～ない」は never で表す。there には，to「～に」の意味がふくまれるので been there とする。
　　(6) How long のあとは疑問文の語順にする。live の過去分詞は lived。「～の間」は For ～. と答える。

定着させよう　　　　　　　　　　解答

1 (1) have known, for
　　(2) have never learned
　　(3) has already finished
　　(4) has just come
2 (1) エ　(2) エ　(3) ウ　(4) イ
3 (1) been　(2) played　(3) working

4 (1) We have not [haven't] taken a bath yet.

(2) Our cat has been sick since last Friday.

(3) Rika has never made a cake.

(4) Have you (ever) heard about the country? —— No, I haven't.

5 (1) (Well,) how long have you played (the guitar?)

(2) I have never been to (Kyoto.)

(3) Has it stopped snowing yet (?)

6 (1) I have been there three times.

(2) Have you ever seen [watched] a Japanese movie [any Japanese movies]?

(3) Mark has wanted to be [become] a doctor since he was twelve.

解説

1 (1) 「ずっと〜している」は〈have [has] ＋過去分詞〉で表す。

(2) 「一度も〜したことがない」は〈have [has] ＋ never ＋過去分詞〉で表す。learn の過去分詞は **learned**。

(3) 「もう〜した」は〈have [has] ＋ already ＋過去分詞〉で表す。finish を過去分詞 **finished** にする。

(4) 「ちょうど〜したところ」は〈have [has] ＋ just ＋過去分詞〉で表す。come の過去分詞は **come**。

2 (1) since 〜なので現在完了形の文にする。主語が It なので **has been** を入れる。

(2) 「もう宿題を終えましたか」という疑問文にする。「もう」は **yet** で表す。

(3) Have で始まり，ever があるので現在完了形の疑問文。過去分詞 **seen** を選ぶ。

(4) 「9月の終わり (the end of September) からずっと東京にいる」という意味にする。「〜から」なので，**since** を選ぶ。

3 (1) 「〜に行ったことがありますか」は **have [has] been to 〜** を使って表す。

(2) Bの「ほんの3か月前にそれを始めまし

た」という答えから，Aは「サッカーは長い間しているのですか」とたずねたと考える。過去分詞 **played** を入れる。

(3) has been のあとに動詞を入れるので，現在完了進行形〈have [has] been ＋ -ing 形〉の文にする。**working** を入れる。

4 (1) 否定文は have のあとに **not** を置く。「まだ」は **yet** を文末に置いて表す。

(2) 現在完了形の文で「〜から」を表すときは **since** を使う。

(3) 「一度も〜したことがない」は have [has] のあとに **never** を置く。

(4) 「これまでに〜したことがありますか」とたずねるときはふつう，過去分詞の前に **ever** を置く。No で答えるときは **haven't [hasn't]** を使う。

5 (1) **how long** で始める。そのあと現在完了形の疑問文の語順にする。

(2) 主語 I のあと **have** を続ける。**never** はそのあとに置く。過去分詞 **been** のあとに **to** を置くと Kyoto につながる。

訳 A：京都には一度も行ったことがないんです。あなたはどうですか。

B：私は去年行きました。訪れるのにいい場所でしたよ。

(3) snowing は snow「雪が降る」の動名詞。stop snowing で「雪がやむ」。疑問文なので **Has** で始め，主語 it を置く。最後に「もう」を表す **yet** を置く。

訳 A：今朝は学校に来るのが簡単ではなかったよね。もう雪はやんだ？

B：いや，やんでないよ。家に帰るときはよく気をつけないといけないね。

6 (1) 「そこに行ったことがある」を **have been there** とする。「3回」は **three times** で表す。

(2) 「〜を見たことがある」は **have seen [watched]**。疑問文の語順にする。「日本の映画」は a Japanese movie [any Japanese movies]。

(3) 「(ずっと) 〜になりたいと思っている」は **has wanted to be [become] 〜** となる。「12歳のときから」は **since he was twelve** とする。

9日目 後置修飾・関係代名詞・間接疑問

整理しよう　　解答

1 (1) イ　(2) ウ　(3) イ　(4) ウ
2 (1) which [that]　(2) who [that]
　　(3) who [that] plays
　　(4) which [that] sells
3 (1) which [that], uses
　　(2) which [that], saw [watched]
　　(3) they met [saw]　(4) I took
4 (1) how to　(2) what to
　　(3) when to　(4) where to
5 (1) what, means　(2) what, said
　　(3) why, is crying　(4) where, is

解説

1 (1)「～している…」は名詞のあとに**現在分詞 (-ing)** を置く。The boys **playing** soccer とする。
　(2)「お気に入りの歌手によって歌われた歌」とする。「～された…」は名詞のあとに**過去分詞**を置く。the song **sung** by となる。
　(3)「飛んでいる…」は現在分詞 **flying** で表す。
　(4)「生徒たちによって使われる…」と考え、過去分詞 **used** を選ぶ。
2 (1) 主格の関係代名詞を使い、「～である…」という意味を表す。the park は「もの」なので、**which** または **that** を入れる。
　(2) The woman は「人」なので、**who** または **that** を入れる。
　(3) a girl は「人」なので、**who** または **that** を入れる。先行詞 a girl は3人称単数なので、**plays** とする。
　(4) a shop は「もの」なので、**which** または **that** を入れる。
3 (1) 目的格の関係代名詞を使い、「―が～する…」という意味を表す。the bike は「もの」なので、**which** または **that** を入れる。
　(2) The game は「もの」なので、**which**

または **that** を入れる。「見た」なので **saw** または **watched** を入れる。
　(3) 関係代名詞は省略されていると考え、The man のあとに主語の **they**、「会った」なので **met** または **saw** を入れる。
　(4) 関係代名詞は省略されていると考え、the pictures のあとに主語の **I**、「撮った」なので **took** を入れる。
4 (1)「～の仕方」は〈**how to ＋動詞の原形**〉で表す。
　(2)「何を～すればよいか」は〈**what to ＋動詞の原形**〉で表す。
　(3)「いつ～すればよいか」は〈**when to ＋動詞の原形**〉で表す。
　(4)「どこで～すればよいか」は〈**where to ＋動詞の原形**〉で表す。
5 (1) 間接疑問では、疑問詞のあとは肯定文の語順になる。「～を意味する」は mean。this word は3人称単数なので **means** とする。
　(2)「言った」と過去形なので **said** とする。
　(3)「泣いている」は現在進行中の動作なので **is crying** とする。
　(4)「ある」は be 動詞で表す。the station は3人称単数なので **is** を入れる。

定着させよう　　解答

1 (1) who is　(2) written in
　　(3) where, is
　　(4) which, made [cooked]
2 (1) エ　(2) ア　(3) ウ　(4) イ
3 (1) The man washing a car is my father.
　　(2) The house which [that] is by the lake is large and old.
　　(3) I want to know what Bob is going to buy.
4 (1) (I was reading the) comic book you gave me (.)
　　(2) (Please) tell me what to see (there.)

17

(3) (I think it's the) most beautiful picture I've ever (seen.)

(4) (Do you remember) when she will come (?)

5 (1) エ (2) イ

6 (1) This is a [the] picture which [that] my sister painted [drew]. [This is a picture painted by my sister.]

(2) I didn't know what I should do at first. [At first, I didn't know what I should do.]

(3) The man drinking tea is my brother.

解説

1 (1) 主格の関係代名詞で「〜している…」にする。the boy なので **who** を使い，現在進行形 **is** playing とする。

(2) 「書かれた」は **written**。「英語で」は **in English** で表す。

(3) 「どこに」なので **where** を，「ある」はbe動詞を使って表し，**is** を入れる。

(4) 「料理」は「もの」なので，**which** を入れる。「作った」は **made [cooked]**。

2 (1) 「父によって作られたいす」と考え，過去分詞 **made** を選ぶ。

(2) 主格の関係代名詞を使い，「先週生まれたネコ」とする。ネコは「人」ではないので，ふつう **which** か **that** を使う。

(3) 「窓のそばで眠っている男の子」とする。現在分詞の **sleeping** を選ぶ。

(4) 「たくさんの人々に読まれた本」とする。名詞の直後に過去分詞を置くので **read** を選ぶ。([red] と読むことに注意。)

3 (1) 「車を洗っている男性は私の父です」とする。「車を洗っている」を分詞を使って **The man washing a car** と表す。

(2) 主格の関係代名詞を使い，「湖のそばにある家は大きくて古いです」とする。

(3) 「私はボブが何を買うつもりか知りたいです」とする。**I want to know** で始め，**what** のあとは肯定文の語順。

4 (1) the のあとは名詞なので **comic book** を置く。**you gave me** と続け，「あなたが私にくれた」という意味にする。

(2) Please で命令文とわかるので動詞 **tell** を続ける。**me** のあと「何を見るべきか」を **what to see** で表す。

(3) the の直後は最上級 **most beautiful**。そのあと **picture** を置き，関係代名詞は省略されていると考え，**I've ever** と続けると seen につながる。現在完了形の文が picture を修飾している。

訳 A：この写真は好きですか。

B：はい。私がこれまでに見た中でいちばん美しい写真だと思います。

(4) Do you remember のあと，「いつ」を表す **when** を置き，肯定文の語順 **she will come** と続ける。

5 (1) B のあとに A が To your classroom と場所を答えているので，どこに運んだらいいか教えてくれるように頼んでいるエを選ぶ。

訳 A：あなたの助けが必要です。たくさんの本を運ばないといけないんです。

B：いいですよ，ブラウン先生。どこに運んだらいいか教えてください。

A：あなた(たち)の教室です。ありがとう。

(2) B が言語について答えている。英語が使われているかをたずねるイを選ぶ。

訳 A：カナダについて質問があります。そこで使われている言語は英語ですか。

B：はい，でも他の言語を使う人たちもいます。

6 (1) This is a picture. の picture を後ろから修飾する形にする。目的格の関係代名詞を使って **which [that] my sister painted** と表すか，過去分詞を使って **painted by my sister** と表す。

(2) 「私はわかりませんでした」を **I didn't know** とし，「何をしたらよいか」を **what I should do** と続ける。

(3) 「お茶を飲んでいる男性」は **The man drinking tea**。これを主語にし，「私の弟です」を **is my brother** と続ける。

整理しよう　　　解答

---

1 (1) lived　(2) were
(3) had, could　(4) could
(5) knew　(6) met [saw], would

2 (1) What　(2) How　(3) How
(4) What　(5) What

3 (1) How are
(2) May [Can / Could], speak [talk]
(3) leave, message　(4) to, back

4 (1) Will you open the door (?)
(2) Could you show me the
picture (, please?)
(3) Why don't you come to (the
party?)

5 (1) how, get [go]　(2) which, goes
(3) help / looking　(4) I'll take

解説

1 (1) 仮定法ではif節の動詞は**過去形**にするので，**lived**を入れる。

(2) 仮定法では主語が単数でもbe動詞はふつう**were**を使う。

(3) 仮定法ではif節の動詞は過去形にするので，**had**を入れる。コンマのあとは助動詞を**過去形**にする。

(4) 〈**I wish ＋主語＋(助)動詞の過去形 ～.**〉の形。**could**を入れる。

(5) 〈**I wish** ＋主語＋(助)動詞の過去形 ～.〉の形。**knew**を入れる。

(6) コンマのあとが疑問詞を使った疑問文になっている仮定法の文。**would**を入れる。

2 (1) あとに〈a ＋形容詞＋名詞＋主語(this)＋動詞(is)!〉と続いているので，**What**を入れる。

(2) 〈副詞＋主語(that boy)＋動詞(sings)!〉と続いているので，**How**を入れる。

(3) 〈形容詞＋主語(she)＋動詞(is)!〉と続

いているので，**How**を入れる。

(4) 〈形容詞 ＋ 名詞 ＋ 主語(they) ＋ 動詞(are)!〉と続いているので，**What**を入れる。

(5) 〈an ＋ 形容詞 ＋ 名詞!〉と続いているので，**What**を入れる。感嘆文の〈**主語＋動詞**〉が**省略**された文。

3 (1) 「お元気ですか」は**How are you?**で表す。

(2) 「～に話してもよいですか」と考え，**May [Can] I speak [talk] to ～ ?**で表す。**Could** を使うとていねいな言い方になる。

(3) 「伝言を残す」は**leave a message**。

(4) 「(人)に～するよう伝える」は〈**tell＋人 ＋ to ＋動詞の原形**〉で表す。「人」にあたるのがLisa。「(人)に折り返し電話をする」は〈**call＋人＋back**〉。「人」にあたるのがme。

4 (1) 「～してくれますか」は**Will you ～?**で表す。

(2) 「～していただけますか」とていねいに依頼するときは，**Could you ～?**で表す。「写真を私に見せる」ということなので，**show me the picture**となる。

(3) 「～しませんか」は**Why don't you ～?**で表す。

5 (1) 「～への行き方」は**how to get to ～**で表す。goも可能だが，交通手段をたずねる言い方になる。道順をたずねるときはgetを使う。

(2) tell meのあとはwhichで始まる間接疑問が続く。「どの電車」which trainが主語なので，そのあとに動詞**goes**が続く。

(3) 「いらっしゃいませ」は**May I help you?**で表す。「お手伝いしましょうか」という意味なので，Yesで答える。「～を探す」はlook for ～。進行形にする。

(4) 買うものを決めて「それをいただきます」と言うときには**I'll take it.**と言う。

1 (1) What　(2) Why don't
　　(3) have, ones
2 (1) イ → ア → エ → ウ
　　(2) ウ → エ → ア → イ
3 (1) If I were you, I would （go
　　　 there.）
　　(2) How cute your watch is （!）
　　(3) I wish I had an umbrella （.）
4 (1) ア　(2) ア　(3) ウ　(4) ウ　(5) ウ
5 (1) Could [Would / Will / Can] you
　　　 tell [show] me the way to the
　　　 station?
　　(2) What an exciting movie this
　　　 is!
　　(3) I'd like to talk with [to] you.

解説

1 (1) 〈a ＋形容詞＋名詞〉が続いているので
　Whatで始まる感嘆文にする。
　(2) 「～しませんか」は**Why don't you ～?**
　で表す。
　(3) 店などに商品が置いてあることを表す
　ときは，**have**を使う。shoes は複数
　なので，**bigger ones**とする。
2 (1) 〈ask ＋人＋to ＋動詞の原形〉で「（人）
　に～するように頼む」という意味を表す。
　laterは「あとで」。
　(2) **Here you are.**は「はい，どうぞ」と，
　ものを渡すときに使う表現。
3 (1) 〈If ＋主語＋（助）動詞の過去形 ～，主語
　＋助動詞の過去形＋動詞の原形 … .〉の
　語順。現在形のamが不要。
　(2) 主語がyour watch になると考えると，
　ほかに名詞がないので，Howで始まる
　感嘆文〈**How ＋形容詞 [副詞] ＋主語＋
　動詞!**〉にする。whatが不要。
　(3) 〈**I wish ＋主語＋（助）動詞の過去形 ～.**〉
　の語順。現在形のhaveが不要。
4 (1) Aが「ペンを貸してほしい」と同じ内容を
　繰り返しているので，「もう一度言って
　いただけますか」と言っているとわかる。

(2) 空所の次でBが時間を答えているので，
　「どれくらいかかりますか」とたずねて
　いるとわかる。
(3) Bの「兄 [弟] へのプレゼントを探してい
　ます」から，店に入り，**「いらっしゃい
　ませ」**と言われたことがわかる。
(4) Aが「何を飲みたいですか」とBにたず
　ねているので，**「何か冷たいものがほし
　いです」**と答えると自然な対話になる。
(5) Bに「彼に電話すべき」と言われて，A
　は「私もそう思いますが，できません」
　と言っている。**「彼の電話番号を知って
　いればいいのに」**と言うと自然な対話に
　なる。
5 (1) まず「教えてくれませんか」を**Could
　[Would / Will / Can] you tell me ～
　?**で表す。「駅に行く道」は**the way to
　the station**。
(2) 〈**What a[an] ＋形容詞＋名詞＋主語
　＋動詞!**〉の感嘆文を作る。「わくわくす
　る映画」は**an exciting movie**とする。
　How を使った感嘆文にすると How
　exciting this movie is! となり，5語
　なので条件に合わない。
(3) 「～したいのですが」は**I'd[I would]
　like to ～.**で表す。断定を避けて，て
　いねいに希望を伝える言い方。

解答

1 (1) イ　(2) ウ

2 (1) (I'll) be free in the afternoon (tomorrow.)
(2) (But do you) know how old he is (?)
(3) (The one I'm looking) for is not as large (as this one.)
(4) I wish I could go with (you.)

3 (1) イ → ウ → ア → エ
(2) エ → ア → イ → ウ

4 (1) 例 He can run (the) fastest in his [the] class. [He is the fastest runner in his [the] class.]
(2) 例 He has practiced [been practicing] soccer for ten years.
(3) 例 He taught me math yesterday. [Yesterday, he taught math to me.]

5 (1) ②　(2) ア → ウ → イ

6 (1) 真理子さんがアメリカに来て，ベッキーさんの家に1週間滞在(たいざい)すること。
(2) (She took them) in front of the science museum (.)
(3) イ

解説

1 (1) 英文は「petrolの値段が高くなってきているので，最近は小さい車を買う人が増えています」という意味なので，**「ガソリン」**が正解。
(2) 「息子：急いで，お母さん！もうすぐ映画が始まるよ。母：心配しないで。タクシーに乗れば，make itできるわ」なので，**「間に合う」**が正解。

2 (1) willのあとは動詞の原形なので，**be**。「午後には時間があいている」を表す free in the afternoon を続け，tomorrow. につなげる。
訳 A：いっしょに映画を見に行くのはどうですか？　B：いいですよ。いつ行きましょうか。　A：明日の午後は時間があいていますよ。あなたはどうですか。
(2) do you **know** と疑問文の語順にする。そのあとの目的語にあたる部分は**how old he is**の語順になる。
訳 A：これは何ですか。　B：父の写真です。　A：ああ，とても若く見えますね！　B：それを聞いたら父は喜ぶでしょう。でも，父が何歳(なんさい)か知っていますか。
(3) どんな机を買いたいかをたずねられ，**is not as large** as this one 「これほどは大きくない」と答える。I'm looking for が The one を後ろから修飾している。
訳 A：どんな机を買いたいのですか。　B：私が探しているのはこれほどは大きくありません。
(4) 〈I wish ＋主語＋(助)動詞の過去形 ～.〉の語順にする。
訳 A：放課後，公園でサッカーをするつもりです。来ませんか。　B：すみません，行けません。母に弟の世話をするように言われたのです。あなたといっしょに行ければなあ。

3 (1) イ「将来何になりたいですか。」→ウ「医者になりたいです。」→ア「どうして医者になりたいのですか。」→エ「人々を助けたいのです。」とする。
(2) エ「さあ，掃除(そうじ)の時間です。」→ア「あなたに黒板をふいてほしいです。私は背が低くて上までふけません。」→イ「いいですよ。私がこれをします。」→ウ「ありがとう。それでは私は机を移動します。」とする。

4 (1) 主語は**He**を使う。**can run**のあと，「一番速く」は**(the) fastest**で表す。または，**is**を使い，「一番速く走る人」**the fastest runner**としてもよい。「クラ

ス の 中 で」は **in his [the] class**。

(2) **現在完了形の継続用法**，または**現在完了進行形**で表す。「10年間」は **for ten years** とする。

(3) 「（人）に（もの）を教える」は〈**teach＋人＋もの**〉または，〈**teach＋もの＋to＋人**〉で表す。過去形は **taught**。

5 (1) 絵里が最初に「『日本料理』がいちばん人気がある。順位は訪問後も変わらない」と言っているので，①は Japanese food。さらに健が最後に「旅行後に『温泉』が『買い物』よりも人気になった」と言っているので，②とわかる。

(2) 直前で「異なる文化を学ぶためのよい場所になる」と言っている。**ア**「観光客は日本料理の作り方を学び，食べて楽しむことができる。」→**ウ**「彼らが帰ったとき，ほかの人たちに自分たちの経験について話すことができる。」→**イ**「それでたくさんの人々が日本料理に興味を持つだろう。」とする。

訳 ジュリア：今日は，日本に来る観光客の間で，私たちの町の人気を高めるためのアイデアについて話しましょう。この表について，何か言うことはできますか，絵里。

絵里：「日本料理」は観光客の間でいちばん人気があります。順位は訪問後も変わりません。

ジュリア：そうですね，世界で最も人気のある料理の1つです。

絵里：ええと，アイデアがあります。レストランで料理教室を始めてはどうですか。

健：おもしろそうですね。

絵里：ありがとう。異なる文化を学ぶためのよい場所になるでしょう。観光客たちは日本料理の作り方を学び，食べて楽しむことができます。彼らが帰ったとき，ほかの人たちに自分たちの経験について話すことができます。それでたくさんの人々が日本料理に興味を持つでしょう。

ジュリア：すばらしいですね。表について何かほかにありますか，健。

健：旅行後に，「温泉」が「買い物」よりも人気になりました。それに，「季節を楽しむこと」が「観光」のあとにきました。観光客は私たちの町でたくさんの温泉を楽しむことができると思います。

6 (1) 下線部に続く **that** 以下がわくわくしている理由を表している。

(2) 質問は「ベッキーさんに送るつもりの写真を，真理子さんはどこで撮りましたか」という意味。【メールB】の最後の文に some pictures I took **in front of the science museum** とある。

(3) **ア**「ご多幸をお祈りします」，**ウ**「では，さようなら」，**エ**「元気でね」は，手紙やメールの終わりの挨拶としてよく使われる。**イ**「ずっと以前に」が合わない。

訳 【メールA】 こんにちは，真理子。メールをありがとう。あなたがアメリカに来て，私の家に1週間滞在する予定で，私はほんとうにわくわくしています。待ちきれません。家族といっしょに空港であなたを迎えるつもりです。あなたといっしょにたくさんの場所を訪れたいです。すぐに連絡をくださいね。では，またね。 ベッキー

【メールB】 ベッキーへ，お元気ですか。今，私は家にいます。あなたが私のためにしてくれたすべてのことに感謝します。あなたといっしょにすばらしい時間を過ごしました。私が空港に着いて，あなたとご家族に会ったとき，とてもうれしかったです。私の飛行機が2時間遅れたので，あなたたちはみな，長い間待たなければなりませんでした。でも，あなたは私に「だいじょうぶですよ」と言ってくれました。私はそのことを決して忘れないでしょう。あなたと話したり，たくさんの場所を訪れたりして楽しみました。科学博物館の前で撮った写真を何枚かお送りするつもりです。ご多幸をお祈りします [では，さようなら/元気でね]。 真理子

解答

1 (1) interested　(2) running
　　(3) gave
2 (1) sick [ill]　(2) language
　　(3) reading
3 (1) 例 I'm going to [I will] make [cook] Japanese food [dishes] for you with my mother.
　　(2) 例 If there are any foods you don't like [can't eat], please tell me.
4 (1) math　(2) something to drink
　　(3) going to clean
5 (1) ① ア　② ウ
　　(2) ① They can see a great view of the earth.
　　　② ウ

解説

1 (1) 「私は日本のマンガに興味があります。将来日本に行きたいです」という文にする。「～に興味がある」は**be interested in ～**で表す。interestにedをつけて入れる。
　(2) 「公園で走っている女の子は私の姉[妹]です」という文にする。runを現在分詞の**running**にかえて入れる。
　(3) 「私の母は去年，誕生日プレゼントとして私にこの時計をくれました」という文にする。giveを過去形の**gave**にかえて入れる。

2 (1) Bが「彼女がすぐによくなるといいと思います」と言っていることから，空所には**sick**または**ill**を入れる。
　　訳 A：ミキは今日学校にいませんね。どうしてか知っていますか。
　　　B：病気で寝ているそうですよ。彼女がすぐによくなるといいと思います。
　(2) Bが「英語を話す」と答えていることか

ら，空所には**language**を入れる。
　　訳 A：オーストラリアの人々は何語を話しますか。
　　　B：そこの多くの人たちは英語を話します。
　(3) 空所のあとにbookがあることから「～を読む」という意味の**read**を使うことがわかる。空所の直前がisであり，文末にnowがあるので現在進行形にすると考え，**reading**を入れる。
　　訳 A：ベッキーはどこですか。
　　　B：自分の部屋にいます。新しい本を読んでいると思いますよ。昨日買ったのです。

3 (1) 美穂がケビンに対して書くので，「私はあなたのために，私の母といっしょに日本料理を作るつもりです」という文にする。主語**I**で始め，未来を表す表現**am going to** [will] を使って表す。「～を作る」は**make** [cook]。「日本料理」は **Japanese food** [dishes]。**for you**「あなたのために」とし，Kevinを使わないよう注意。「私の母といっしょに」はwith my motherとする。
　(2) 「苦手な」は「好きではない」と考える。まず「もしあなたが好きではない食べ物があるなら，」という文を作る。「何らかの食べ物がある」ということなので**there are any foods**とする。「あなたが好きではない」を**you don't like**とし，後ろから説明を加える。または，「食べられない」と考え，**you can't eat**としてもよい。「～してほしい」は直接相手に言うので「～してください」，「教える」はこの場合「伝える」という意味なので，「私に伝えてください」と考え，**please tell me**とする。pleaseは文末に置いても省略してもよく，if ～の部分を後半に置いてもよい。

4 (1) 〈明日の予定〉から，2時限目は国語から数学に変更になったことがわかる。
　(2) 「飲み物持参」とあり，空所の直後に「水やお茶」と具体的に例をあげているので，**something to drink**とする。

something（which[that]）we（can）drink としてもよい。この場合，主語は空所の前に合わせ，we となることに注意。

(3) 空所の直前に are があるので，**be going to ～** を使って予定を表す。「公園清掃（せいそう）」とあるので，「～を掃除する」と考え **clean** を使う。

訳 タケル：クリス，明日の2時限目は数学だよ。

クリス：わかった。じゃあ，国語から変更になったんだね。

タケル：そうなんだ。午後には運動会の練習をするよ。暑くなるから，飲み物を持ってこないといけないんだ。たとえば，水とかお茶とか。

クリス：わかった，そうする。ところで，午後4時に何をするの？

タケル：ボランティア活動だよ。生徒たちが学校の近くの公園を掃除するんだ。校門に4時に集まる予定だよ。ぼくも参加するんだ。

クリス：ああ，ぼくも参加したいな。ありがとう，タケル。

5 (1) ① 2文目でパスワードが他人に知られた場合どうなるかが書かれているので，空所をふくむ文は「だから，パスワードをあまりにも簡単にしすぎてはいけません」とする。**simple** を選ぶ。

② 直後の文が「パスワードを忘れたら，問題がおきるでしょう」という意味なので，空所をふくむ文は「しかしまた，パスワードはあなたにとっては覚えやすいものである必要があります」とする。**remember** を選ぶ。

訳 今日（こんにち）では，多くの人々がコンピューターを使うときに，パスワードを使います。もしほかの人たちがあなたのパスワードを知ると，彼らはあなたの情報を手に入れることができたり，あなたのお金でものを買うことができたりするでしょう。だから，パスワードをあまりにも簡単にしすぎてはいけません。ほかの人たちにとっては推測するのが

難しい必要があります。A，B，C のような大文字や，a，b，c のような小文字，1，2，3 のような数字や，!，$，& でさえも混ぜるべきです。しかしまた，パスワードは，あなたにとっては覚えやすいものである必要があります。もしパスワードを忘れたら，問題がおきるでしょう。

(2) ① 質問は「人々は宇宙旅行の間に何を見ることができますか」という意味。6文目に they can enjoy a great view of the earth とある。質問に合わせ，**They can see ～** とする。

② 6文目に **It is only a two-hour trip** とあるので**ウ**が正解。

訳 宇宙に旅行することについて考えたことはありますか。約60年前，ほとんどの人々はそれが可能だとは思いませんでしたが，今では宇宙旅行を販売し始めた旅行会社もあります。あるイギリスの宇宙旅行会社が，数年後には人々を宇宙に連れて行くでしょう。世界中のおよそ600人の人々が，こうした旅行のためのチケットをすでに買っています。そのうちの20人ほどが日本人です。それはたった2時間の旅行ですが，地球のすばらしい眺め（なが）を楽しむことができます。ほかには宇宙にホテルを建てる計画を立てている会社もあります。将来は，生徒たちが宇宙への修学旅行を楽しむことが可能になるでしょう。